プログラミングを活用した図形概念形成についての研究

——教材コンテンツ開発と授業実践を通して——

杉 野 裕 子 著

風 間 書 房

序

愛知教育大学教授　飯島康之

　本書をごらんになった方には，「なんで LOGO なの？　他にもいろいろな言語があるのに。」と思われる方もいらっしゃるかもしれない。杉野氏の研究は1980年代から継続して行われてきているところにその理由と価値がある。

　1980年代後半から1990年代にかけて，数学教育におけるコンピュータ利用に関するさまざまな研究が生まれた。たとえば私が取り組んでいる動的幾何ソフト（作図ツール）に関する研究も，その一つである。LOGO に関する研究は，Papert の「マイクロワールド」という概念を具現化している魅力もあり，いろいろな観点から教育研究として取り組まれた。しかし，特に日本の教育においては，2000年代になって大きく状況が変わった。特に算数・数学では，時間数と内容の削減への懸念に伴い，基礎・基本の充実や個に応じる指導の充実が重視され，教科書に掲載されている内容以外のものを扱うことがとても難しくなった。数学教育でのコンピュータ利用に関する研究・実践もとても低調になった。算数・数学教育におけるプログラミングは削減の代表格のようなもので，高校数学にかすかに残されていた BASIC も今では消えてしまっている。

　算数・数学教育は，いわば「純粋」な教科として，1980年以前の取り組みを続ければよいということなのだろうか。そんなことはないと思う。たとえば最近注目されている STEM 教育という言葉が象徴的だ。Science と Mathematics のつながり，あるいはそれに Technology とのつながりが従来考えられていたのに加えて Engineering も含めた教育のあり方を考えていこうというものだ。昨今，小中学校においてプログラミング教育を取り入れようという動きがあるが，これもその一環と言っていい。プログラミングは通常の

教科との関わりを持たない，まったく独立したものとして導入すべきなのだろうか。そうでないとしたら，教科との関わりはどういう形で取るべきなのだろうか。意味のある教育実践として定着できるためには，プログラミングの授業を行えばよいというものではない。

　杉野氏が本研究で取り組んだ LOGO は，turtle geometry を含んでおり，新しい図形指導の可能性を内包している。しかし，学校教育の図形での静的な見方とは異なる部分もあるので，整合性を持たせるための工夫，あるいはそのギャップを図形指導に生かしていくための工夫には，子どもの図形認識の発達段階に関わる教育研究が不可欠だ。その領域に新しい提言を行ったのが本研究である。また本研究は，従来の数学教育学の枠組みを越え，コンピュータあるいはプログラミングと教科との関わりを幅広く考察する立場で取り組んだ研究であり，愛知教育大学・静岡大学で取り組んでいる教科開発学という立場に適した研究である点にも特徴がある。

　この研究を，そのまま LOGO の環境の中で継続・発展していく可能性もあるだろう。一方，最近開発されている，教育用のプログラミング言語を使って図形指導との関わりを開発していく上でも，先行研究としてさまざまな知見を提供してくれるだろう。

　これから，算数・数学教育におけるコンピュータ利用は新しい段階を迎えると思う。その端緒の今，研究が本書の形でまとめられたことに関して，杉野氏に敬意を払うとともに，その研究の支援に携われたことを誇りに思っている。

目　　次

序（飯島康之）

序章　研究の目的と方法……………………………………… 1

　第1節　研究の背景………………………………………… 1

　第2節　問題の所在………………………………………… 5

　第3節　研究の目的と方法，および論文構成 …………… 10

　　　　　註…………………………………………………… 16

　　　　　序章の引用・参考文献…………………………… 17

第1章　算数・数学学習とプログラミング ……………… 19

　第1節　数学課題とインターラクティブに関わるコンピュータ活用 ····· 19

　　（1）個人における情報の流れ…………………………… 19

　　（2）授業空間と情報の流れ……………………………… 22

　　（3）授業空間におけるプログラミングの位置づけ…… 25

　第2節　LOGO言語とその活用 ………………………… 26

　　（1）LOGO言語の幾何的特徴 ………………………… 26

　　（2）LOGO言語の活用事例 …………………………… 29

　第3節　LOGO言語活用の問題と解決 ………………… 34

　　（1）擬似プリミティブ命令による現行カリキュラムへの適合 ……… 34

　　（2）プログラミング教授技能の問題…………………… 38

　第4節　第1章のまとめ…………………………………… 39

　　　　　第1章の引用・参考文献………………………… 40

第2章　図形概念についての基礎的考察 ……………………………… 43

第1節　概念に関する研究の概観 ……………………………………… 43

（1）概念と言語……………………………………………………… 44

（2）概念獲得と経験 ……………………………………………… 47

（3）概念とイメージ ……………………………………………… 49

第2節　図形概念に関する研究の概観 ……………………………… 51

（1）図形概念にとっての実在物や経験………………………… 51

（2）Vinner の研究：概念イメージと概念定義 ……………… 53

（3）Fischbein の研究：Figural Concepts…………………… 55

第3節　図形概念の表記とその理解 ………………………………… 56

（1）数学の表現体系との関わり ……………………………… 56

（2）図形概念における，表現様式の翻訳としてのイメージの役割 ………… 58

（3）図形認知と理解における典型イメージと心的回転 ……………… 60

第4節　図形概念の発達 ……………………………………………… 65

（1）個人的概念と数学的（客観的）概念 ……………………… 65

（2）van Hiele の幾何学における「学習水準理論」……………… 66

第5節　第2章のまとめ ……………………………………………… 70

第2章の引用・参考文献 ……………………………… 72

第3章　「LOGO プログラミング形態の変化」から捉える「図形
　　　　概念の理解の様相モデル」……………………………………… 77

第1節　川嵜の「図形概念の理解の様相モデル」…………………… 78

第2節　プログラミングと図形概念形成の親和 …………………… 83

（1）図形概念の2面性とプログラミング ……………………… 83

（2）van Hiele の幾何学習水準と LOGO プログラミング ……………… 86

第3節　LOGO プログラミング活用による，図形概念に関する
　　　　新たな吟味……………………………………………………… 90

目　次　iii

（1）回転による角の構成と，傾いた図形の描画 ……………………… 90

（2）位置と図形の移動 ………………………………………………… 94

（3）図形概念と変数を用いたプログラミング ……………………… 95

第4節　LOGO プログラミング形態の変化 …………………………… 99

（1）プログラミング形態Ⅰ：1命令入力 ………………………… 100

（2）プログラミング形態Ⅱ：1命令ごとの複数命令入力 ……… 101

（3）プログラミング形態Ⅲ：プロシージャ作成 ………………… 102

（4）プログラミング形態Ⅳ：変数を用いたプロシージャ作成 … 103

（5）プログラミング形態Ⅴ：変数を用いた複数のプロシージャどうしの
　　　関係理解 …………………………………………………………… 110

第5節　「図形概念の理解の様相モデル」と「LOGO プログラミング
　　　形態の変化」………………………………………………………… 112

第6節　第3章のまとめ ………………………………………………… 114

　　　註 ……………………………………………………………………… 116

　　　第3章の引用・参考文献 ……………………………………… 116

第4章　プログラミング活用のためのコンテンツ開発 ……………… 119

第1節　プログラミング用教材開発の指針 ………………………… 120

（1）算数・数学授業におけるプログラミング …………………… 120

（2）プログラミング教材をコンテンツにすることの意義 ……… 121

第2節　"学校図形 LOGO コンテンツ"開発の理念 ……………… 123

（1）ボタン入力 ……………………………………………………… 124

（2）「算数用語」を命令におくこと ……………………………… 125

（3）図と言語の，同一画面上の逐次表示 ………………………… 126

第3節　1命令ごとの入力コンテンツと，想定される課題や活動 …… 128

（1）「長方形・正方形描画」コンテンツ ………………………… 128

（2）「多角形・正多角形描画」コンテンツ ……………………… 129

iv

（3）「画面2分割多角形描画」コンテンツ ······················131

第4節　プロシージャ作成用コンテンツと，想定される課題や活動 ····134

（1）「多角形・正多角形プログラミング」コンテンツ ···········134

（2）「拡大図と縮図プログラミング」コンテンツ ···············136

（3）「変数を用いたプログラミング」コンテンツ ···············137

第5節　第4章のまとめ ···138

註 ··139

第4章の引用・参考文献 ···139

第5章　プログラミング活用による問題解決学習について ··········141

第1節　プログラミング活用による問題解決 ·······················141

（1）プログラミングによる帰納的試行 ·······················141

（2）バグの修正による反省思考 ·····························146

（3）問題解決方法の多様性 ·································148

（4）協調的学習の発生 ·····································150

第2節　遊びを取り入れたプログラミング ·······················153

（1）自由描画によって得られること ·························153

（2）プログラミングにおける遊びについて ···················156

第3節　第5章のまとめ ···158

第5章の引用・参考文献 ···159

第6章　プログラミング活用環境下の授業における図形概念形成 ····161

第1節　5年「正多角形」での事例：既習内容と発展課題の

プログラミング ···166

（1）授業概要 ···166

（2）イメージを豊かにする活動 ·····························173

（3）言語の意味の確認とプロシージャ作成 ···················176

（4）個別探求と協調的学習の発生 ……………………………………177

（5）メタ認知と情意 …………………………………………………179

（6）回転概念に関するアンケートの結果 ………………………………181

第2節　6年「図形の拡大・縮小」での事例：単元内での

　　　　プログラミング ………………………………………………183

（1）授業概要 …………………………………………………………183

（2）拡大や縮小への動機付けゲーム ……………………………………185

（3）変数の機能についての経験 …………………………………………187

（4）拡大倍率を変数にしたプロシージャによる言語の確認とイメージ形成…190

（5）変数を用いたプロシージャによる遊びを取り入れた活動 ……………191

（6）拡大図・縮図の性質についての理解度テストの結果 ………………193

第3節　6年「平行四辺形の隣り合う角」での事例：未習内容の

　　　　プログラミング ………………………………………………194

（1）授業概要 …………………………………………………………194

（2）帰納的方法によるプログラミング …………………………………197

（3）演繹的方法によるプログラミング …………………………………198

（4）授業実践から得られたこと …………………………………………199

（5）情意と意欲に関するアンケートの結果 ……………………………200

第4節　第6章のまとめ ………………………………………………201

　　　　第6章の引用・参考文献 ……………………………………203

終章　研究の成果と今後の課題 ………………………………………205

（1）研究の成果 ………………………………………………………205

（2）今後の課題 ………………………………………………………207

あとがき ……………………………………………………………209

序章　研究の目的と方法

　序章では，研究を進めるに至った，背景や問題の所在について述べた上で，研究の目的を示す。第1節では，研究の背景として，コンピュータの進化と，数学学習のために開発されたプログラミング言語 LOGO の存在，および，プログラミングが数学学習・図形学習に有用な根拠について述べる。第2節では，数学教育へのコンピュータ活用の要請がこれまでどの程度あったかについて挙げた上で，LOGO プログラミングがなぜ広がりを見せなかったかという，問題の所在について述べる。第3節では，第2節で挙げた問題を解決し，LOGO プログラミングを活用して図形概念を形成するという，研究の目的について具体的に述べるとともに，研究の方法と論文構成を示す。

第1節　研究の背景

　人工知能研究の第一人者であり，ノーベル経済学賞を受賞した Simon は，「コンピュータは数世紀に一度の偉大な発明であり，革新である」と述べている（菅井，1985）。言葉，文字，エネルギーの発明に次ぐものである。現在使われているコンピュータの直接の祖先と言われている ENIAC は，第二次世界大戦中に弾道計算のために作られ，1946年に完成した。その汎用的な可能性は後になって分かることとなった（McCorduck, 1979）。ENIAC の登場から70年が経とうとしている。この間，コンピュータは，「汎用性」という言葉が示すとおり，社会や個人生活において，さまざまな用途を実現するものとして使われるようになった。生産・流通・消費といった社会経済的営みに欠くことができなくなり，家庭で使う多くの電化製品にもコンピュータチップが組み込まれている。小型コンピュータに関しては，2015年3月末に内閣

府が発表した消費動向調査によると，世帯別パーソナルコンピュータの所有率が，67.5％である。1995年のウィンドウズの開発でパーソナルコンピュータは使いやすさを増した。また，2000年頃を境として，企業や家庭へ急激にインターネットの利用環境が整えられたことも，普及の要因となった。同じ頃，携帯電話も急速に普及し始め，2015年末の内閣府による消費動向調査によると，世帯別普及率は94.4％であり，スマートフォンだけでみても60.6％となっている。これらの所有率は，高齢者ほど低いことから，ほとんどの人が手のひらに収まるサイズのコンピュータを使う時期が近づいているといえる。こうしたあらゆるデバイスを通して，巨大とも表現できる情報のやり取りが行われるようになった。高度情報化社会と言われる今日では，情報そのものが，諸資源と同等の価値を有するようになっている。このような社会の変容は，とりもなおさず，コンピュータの発明によるものである。さらに，コンピュータは，人間社会の仕組みのみならず，人間の思考スタイルそのものに，変化をもたらしつつある。

　コンピュータ誕生から10年後，1956年には，10人の人工知能研究を提案する研究者によって，ダートマス会議が行われた。当初，数学や神経学の立場から，「学習に関するすべての側面，そのほかの知能に関するいかなる側面も，原理的には，機械がシミュレートできるように厳密に記述できるという推測に基づく研究」として，コンピュータに人間の脳の働きを代行させる「人工知能」が出来ると考えられた。しかしながら，それが大変困難であることが，ダートマス会議の20年後には，当の研究者たちも認めることとなった。この研究の過程で，言語のリストが処理できる，人工知能用言語として，McCarthy が LISP を開発している。人間の思考過程の模倣の一部を含み，情報処理形式を人間の思考処理に一歩近づけた。また，汎用人工知能（AI）の可能性の模索から，認知科学の研究が始まった。すなわち，コンピュータを人間の脳へ近づけるために，人間の脳の仕組みについて解明することで，人間についての研究が進んだのである。「その中でも，認知心理学は，言語

学とともに認知科学の主要な一分野として，もっぱら人の知に焦点をあてて研究してきた（海保，2005）」と言われている。

Piaget の認知発達心理学は，コンピュータの開発とは関係なく，子どもの認知発達を，行動観察を通して解き明かした。Piaget と一時期共に研究をした，数学者でもあった Papert は，以下のように著した。

> 彼は専ら同化の認識面のみを論じている。しかし，同化には，感情的な要素もある。（中略）彼を個人的に知るようになって判ったのだが，ピアジェが感情性を無視したのは，殆ど何も解明されていない事柄に対する謙虚な配慮からくるもので，尊大に無関心を装ったものではない。

そして，何をいかに学び得るかは，どんなモデルを役立てられるかによって決まるとして，認識面を強調した Piaget を超えて，感情面をも考慮した応用発生認識論の試みのひとつとして，コンピュータプログラミング言語 LOGO の開発を始めた。Papert は，ダートマス会議にも関わりがあった。彼は，1960年代中ごろに，ダートマス会議の中心人物であった Minsky の米国 MIT のオフィスを訪れ，LOGO プロジェクトのリーダーとなった。LOGO の開発は，Minsky をはじめとする，人工知能研究者集団によって成されたが，子どもの学習について考えた Papert による発想が無かったら実現され得なかった。この時初めて，子どもの数学学習のためのプログラミング言語が作られたのである。彼の著書『マインドストーム』の中には，「コンピュータが人々の考え方や学び方をどのように変えていくか（中略）本質的，概念的に，人間の思考過程に寄与してきた方法について述べたい（Papert, 1980, p. 10）」とある。また，McCorduck（1979）も次のように述べている。

> LOGO プロジェクトでは，人工知能研究者が計算機に考えさせたり問題を解決させようとする中で，人間の思考過程や問題解決過程について発見したことを教えることをねらいとしている―あるいは，プロジェクトの主任研究員であるパパートがかつて述べたように，LOGO は子ども達に数学について教えるのではなく，数学者となるよう教えることを目的としている（McCorduck, 1979, p. 329）。

コンピュータと人間が理解できる言語を用いて，学習者とコンピュータとのインターラクティブな関わりによって，数学概念の獲得を実現させるという意図があった。また，「我々は今，子どもが楽しんで交流するようなコンピュータを作ることを研究している。そういう交流が起こる時，子供は数学を生きた言語として学ぶ（Papert, 1980, p.10）」とあるように，情意面も考慮に入れた，プログラミングによる数学学習の実現をめざした。

プログラミングでは，言語の種類に関係なく，ある程度の数学的知識が必要になる。コンピュータが情報を入力したり出力したりする機械的処理形式には，数学が用いられている。画面上の位置や色彩，データの様相や個数，時間，これらを含めた一切の情報は数値化され，計算処理がコンピュータ内部で行われる。そのため，数学的知識を用いてプログラミングをする必要がある。数学的知識が曖昧な場合には，プログラミングの過程で数学概念形成をすることも期待される。さらに，プログラミングを体験すると，課題を解決する一連の過程や結果について，一般の数学の問題を解決する場合と同等，または，それ以上にメタ認知を働かせたり，達成感を得たりすることが多い。プログラムにバグがあったとしても，デバグ欲求が発生し，反省思考が促される。これらは，以下に挙げることに起因する。

①コンピュータは，数学的なプログラミング言語を有する。
②言語がどう機能するのかを，画面上の数学的モデルで見ることができる。

これまで，数学学習では，記述された数学的な言語・記号に関して，数理的な処理は学習者自身が行い，その意味の理解についても，学習者自身に委ねられていた部分が大きかった。しかし，プログラミングでは，数学的な言語・記号についての数理的処理は，コンピュータが行う。このことは，学習者の数理処理能力を奪うこととは一致しない（子どもが計算技能を身につける練習は，従来どおり必要である）。注目すべき点は，コンピュータは，①によっ

て記述された言語に対して，人間の処理脳能力をはるかに超える高速度で正確な数理的処理ができることである。また，記述された数学的な特質を有する言語・記号が，②によって，実際にどう働くかについて画面上で見る試行を，数多く可能にする。このような帰納的，あるいは，確認的な活動を，数学学習に取り入れていくことが，プログラミング活用によって実現される。

コンピュータ画面の2次元表示により，代数的なプログラミング言語と，画面上の幾何的な図形（図）とを繋げることも可能となる。数学は，最終的には抽象度の高い，言語・記号で表現される。しかしながら，図形学習には，図が大きな役割を果たす。言語・記号と，図の関係について理解し，図形概念を形成することが，図形学習でのプログラミングの役割となる。

以上に述べてきたように，プログラミングという行為は数学学習に有用である。また，子どもの数学学習のために作られた言語も存在する。プログラミング活用を，実際の算数・数学の授業で実現させることは，これからの学校数学にとって，期待されることのひとつとなる。これらの背景をもとに，本研究では，図形概念形成におけるプログラミング活用の意味や意義について明確にし，学校数学でプログラミングが活用できる環境構築をし，プログラミングによって図形概念が形成されることについて授業検証で示す。

第2節　問題の所在

パーソナルコンピュータが普及し始めた1980年代から，数学教育でのコンピュータ利用が模索された。1980年，全米の数学教師による学会であるNCTM は，"AN AGENDA FOR ACTION" の8つの勧告のうちの第3として，次のように掲げた。

3．数学の指導計画では，すべての学年段階において，電卓とコンピュータの能力を十分に活用しなければならない。

行動計画として，学校へのハードウェア・ソフトウェアの配備，基本技能

としてのコンピュータリテラシー（プログラミングを含む），教師教育，コンピュータを使用したカリキュラムの統合について挙げられた。特に，カリキュラムの統合については，「コンピュータと電卓は，数学概念の探求・発見・開発のための創造的方法に使われるべきで，単に計算値のチェックやドリル＆プラクティスのために使われるべきではない」とされた。同じく1980年，ICME4では，Freudenthal が，「数学における主な問題」として，23の問題のうちの第10で，電卓とコンピュータを揚げた。そこでは，「私が望むものは，教育工学や工学的教育としてのものではなく，数学理解を増すための強力なツールとしての電卓やコンピュータである」と述べた。

　これらの提言を受けて，NCTM84年報『COMPUTERS IN MATHE-MATICS EDUCATION』に紹介されている26編の記事では，Part1「論点」に続き，Part2「教授を助けるコンピュータ」として，数式処理や，シミュレーションによる教材提示，Part3「プログラミングを通して数学を教えること」，Part4「コンピュータによる診断」として誤答診断などが紹介されている。特に，Part2と Part3が多くを占め，プログラミングでは，BASIC が最多であるが，LOGO と Pascal も扱われている。このように，数学教育へのコンピュータ導入期において，プログラミングにも焦点が当たっていた。当時，米国・英国・オーストラリアの合計20の算数・数学教育 Journal に掲載された，プログラミングに関する記事（論文）を調べた結果では，BASICを扱っていたものが29％，LOGO を扱っていたものが51％であった。算数においてはLOGO が，数学においてはBASIC が多い傾向があった。LOGOの内容は，多角形やその敷き詰めが多く，対称図形・フラクタル図形もあった（杉野，1988）。

　米国の，1992年『数学教育研究のハンドブック』では，第18章「幾何と空間推論」において，LOGO について3ページを費やして紹介されている。創造性が富む，タートルへの身体同調ができる，van Hiele の幾何学習水準が引き上げられる，角の概念や回転につての理解が深まるといった研究を紹

介している。237本の参考文献のうち，LOGO 文献は15本を占める（Clements, D.H., Battista. M.T., 1992, pp. 450-452, pp. 458-464）。また，第21章「テクノロジーと数学教育」では，236本の参考文献のうち，LOGO 文献は17本を占めている（Kaput, J.J., 1992, pp. 550-556）。

2002年『数学教育研究セカンドハンドブック』では，LOGO については，第19章「幾何と空間思考の開発」において，6ページを費やしているものの，結果としては，動機付け，可視化されたフィードバック，明確な測定には有用であるが，LOGO 自体が学習内容として位置づけられることの限界についても示唆している。ここでは，LOGO 文献も数本しか挙げられていない（Battista. M.T., 2002, pp. 475-477）。実際に，米国においては，2001年 NCTM より発刊された『Logo and Geometry』を最後に，数学教育 Journal での LOGO に関する文献は，ほとんど見られなくなった。

日本で2010年に初めて出版された『数学教育学研究ハンドブック』では，第4章「学習指導」の「§11コンピュータ活用」で，作図ツール，関数グラフツール，数式処理，表計算ソフト，プログラミング言語などの研究が紹介されている。その中で，LOGO の研究として，2本のみが挙げられ，うち1本は，杉野が行った1988年の研究である（飯島，2010）。

コンピュータ活用が模索された初期において，LOGO プログラミングに注目されていたにもかかわらず，算数・数学教育での活用が進展しなかった原因に，現行のカリキュラムとの親和性の問題があった。LOGO では，タートルグラフィクスと呼ばれる画像処理によって図形を描く。図0.1にあるように，「前へ ○[1]」，「右へ ○」という，前進と回転をするプリミティブ[2]を交互に言語入力して，タートルの動いた軌跡によって図形を描く。正三角形を描こうとする場合，「右へ 120」という回転命令は，外角の120°を指定しなければならない。そのため，現行のユークリッド幾何で LOGO が活用できる内容は，角度や多角形の外角の学習などに限定される。このことが，LOGO が算数・数学教育での活用が進まなかった最も大きな問題であ

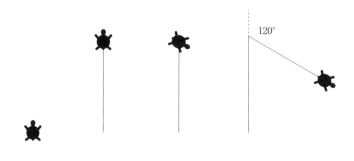

（初期状態）　　前へ 100　　右へ 120　　前へ 100
図0.1　タートルグラフィクスで描画をする場合

った。

　杉野（1988）はこの問題を解決するために，正三角形の内角である60°を指定できる，「辺は　○」，「角度は　○」という擬似プリミティブ[3)]をはじめとする，学校数学で使用するための命令群を開発し，"学校図形LOGO"と名づけた。「辺は　2」という命令で，タートルは線分（印刷すると2 cm）を描画した後に，進行方向を向く（図0.2）。このことで，続いて，「角度は60」と，タートルが内角で回転する量を指定しての正三角形の描画を可能にした（理論的詳細に関しては，第1章で記す）。これらの擬似プリミティブによって，ユークリッド幾何として図形を描画するという点に関しては，すでに，杉野（1988）において解決策を示したといえる。

　しかしながら，1990年前後は，ウィンドウズも開発されておらず，学校の設備としてパソコンも無く，ひとり1台のコンピュータを使った実践は叶わなかった。小学校へパソコンを運び，教卓に1台置き，拡大スクリーンも無い環境での授業実践をした。5年の児童は興味を持って，LOGOでの図形描画に取り組んだが，十分な授業検証には至らなかった。当時の設備面での問題は，現在，コンピュータ室で1人1台を使った実践が可能になり，さらに普通教室での実践も夢ではなくなり，解決の方向に進みつつある。拡大スクリーンや，LANによる児童の画面の確認や，インターネットを介した教

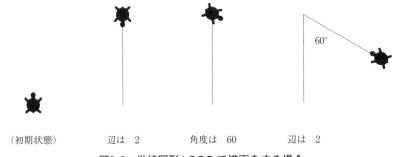
図0.2 学校図形LOGOで描画をする場合

材の配信もできるようになった。こういった設備面での環境改善が進む中において，算数・数学でのプログラミング活用に関する意義や価値について理論的に明確にしたり，授業設計や実践が行われたりしていないことが，現在の問題である。

　授業設計や実践をするためには，1990年前後のように，LOGO言語をそのまま現場の教師や子どもに渡すだけでは難しいということも，当時から言われてきた。各単元で，どの命令を使って，具体的にどのような課題に取り組むのかについては，ほとんど明確化がされていない。プログラミング言語は汎用性が高く，使い方を教師個人に任せるのは無理がある。普段の算数・数学の授業の中に，自然に取り入れることのできる，使い方が分かりやすいプログラミング教材が開発されていないこと，および，キーボード入力を極力減らした教材にする努力がされてこなかったことも，問題の要因である。

　キーボード入力を減らした，インターフェイスに配慮したLOGOの派生形言語は存在する。兼宗が開発した「ドリトル」[4]，MITメディアラボのReznikが開発した「Scratch」[5]，それをもとに文部科学省が提供している「プログラミン」[6]などがある。しかしながら，これらはプログラミングそのものについて学習するという目的を持っており，オブジェクト指向が高すぎるがゆえに，抽象のレベルとして，算数・数学言語から離れてしまっている。そのため，算数・数学学習で活用できる範囲は狭い。本研究においては，

「マイクロワールド EX」[7] LOGO を採用する（採用する理由についての詳細は，第4章で述べる）。

第3節　研究の目的と方法，および論文構成

　コンピュータは，人類が初めて手にした，言語によって動かすことのできる道具である。本研究では，第1節でも挙げたコンピュータの特徴①（数学的なプログラミング言語を有すること）および特徴②（言語がどう機能するかについて，画面の数学的モデルで見られること）を生かす。このことで，図形概念を表現する様式である，言語・記号的表現（代数的表現）と，図的表現（幾何的表現）との関わりについて，学習者が理解をし，図形概念形成過程において，プログラミングが活用できる根拠を明らかにする。

　図形概念は，言語・記号といった代数的な表現以外に，概念イメージ（Vinnner, 1991）や，形も併せもつ（Fischbein, 1993）。すなわち，言語・記号的表現と，図的表現や形象的イメージといった，2面を有する。また，van Hiele (1986) の幾何学習水準理論により，図形概念は段階を追って発達することが示されている。これらを踏まえて，川嵜（2005, 2007）は，図形概念の2面性と発達について，小・中学校の図形学習における指導原理を構築するために，子どもの，「図形概念の理解の様相モデル」（図0.3）を設定した。川嵜のモデルは，図形概念の2面性と，発達に着目したものであり，本研究

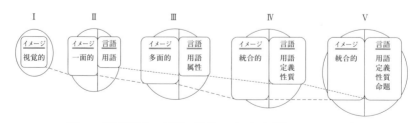

図0.3　「図形概念の理解の様相モデル」（川嵜，2005, 2007）

では，プログラミングでの言語と図の2面性と，プログラミング形態の変化（発達）について考察する上での基盤と位置づける。

　しかし，川嵜のモデルでは，コンピュータやプログラミング活用は想定されていない。そこで，プログラミングでの，言語と画面の図的モデルの2面それぞれについて，プログラミング形態の変化とその意味を明確にする。その上で，プログラミング形態の変化と川嵜の様相（Ⅰ～Ⅴ）との関わりを示す。また，プログラミングが，川嵜の様相の特定をしたり，様相を引き上げたりする活動となることを，授業検証によって明らかにする。

　川嵜の様相Ⅲのイメージは「多面的」とされているが，どのように多面的であるかは詳細には示されていない。この点に関して，プログラミングでは，図形を描く場合に，図形の構成要素の大きさはもとより，図形の位置や傾きも数値で示して入力する必要がある。ことから，どこの数値に焦点が当たっているのかと，その数値の変化をもとに，「多面的」イメージについて精緻化ができる（これらは，子どもに学習させる内容にあたるものは数値入力させ，それ以外の数値は，教師側で，あるいは教材として，あらかじめ入力しておく）。また，川嵜の様相Ⅳと様相Ⅴのイメージは，いずれも「統合的」とされているが，その違いについては明確にされていない。プログラミング言語には，「変数」を用いることができるため，いろいろな数値をひとつの文字で代表するという「変数」の機能を使って，さまざまな形・大きさ・位置の図形をひとつのプロシージャ（プログラム）にまとめ，統合することができる。変数を用いたプロシージャが，どのように統合的イメージと関わるかについて述べる過程を通して，水準Ⅳと水準Ⅴの統合的イメージの違いについても明らかにする。このように，川嵜の様相モデルで明確にされていない点について，コンピュータとプログラミングというICT環境ならでは，解明できる部分があり，プログラミング活用によって，図形概念の理解の様相を特定するとともに，様相の引き上げが促されることについて実証的に示すところに，本研究の独自性と意義をおく。

研究の目的

> プログラミングが図形概念形成に有用であることについて理論的に示し，開発したプログラミング用教材を用いた授業実践により，図形概念形成に関わる活動を抽出することによって検証をする。

目的を達成するために，表0.1にある，3つの方法によって研究を進める。方法1の先行研究の整理では，子どもが学習によって数学概念を獲得していく過程で，概念が発達すると捉えることにより，形式論理学の立場と，経験論・心理学的立場の，両面から概念を捉える。その上で，プログラミング形態の変化からの接近により，川嵜の図形概念の理解の様相モデルを吟味し，これらを関係づけることで，プログラミングが図形概念形成に寄与できる理論的基盤とする。方法2では，実際に授業でプログラミングが活用できる環境構築として，プログラミング用教材の開発をする。方法3では，開発したプログラミング用教材を用いた授業を行い，児童が図形概念を形成した活動

表0.1　本研究の目標を達成するための3つの方法

方法1	LOGOプログラミング形態の変化にともなって，図形概念がどのように言語表記され，画面の図で表示され，理解されていくのかについて，意味を明確にする。各形態での課題と解決活動を想定することを通して，川嵜のモデルにおける各様相との関係を示す。プログラミングからのアプローチによって，様相モデルでは明確になっていない「多面的イメージ」，「統合的イメージ」の精緻化をする。これらに先立って，LOGOの幾何的特長と，図形概念における「言語」および「イメージ」の機能について先行研究から整理をする。
方法2	現行カリキュラムの算数・数学の授業において，プログラミングを活用する環境構築として，プログラミング用教材の開発をする。擬似プリミティブを備えた，単元や課題ごとのコンテンツを，筆者のプログラミングによって作成する。各教材コンテンツについて，どのような図形概念形成を意図したものであるのかについて述べる。また，これまでにない新たな図形理解のためのアプローチについて，実際の課題と，個別的実証結果あるいは想定される学習者の解決を示す。
方法3	小学校での授業実践を通して，児童の作成したプログラム，発話プロトコル等をもとに，図形概念形成に関わる活動を抽出する。同時に，川崎のモデルのどの様相に当たるのかを特定する。また，プログラミングが算数・数学の授業内にどのように位置づくかという，授業構成を示す。

を抽出するという，実証的な質的検証を行う。また，アンケートやテストからも，効果について調べる。

方法３の授業検証は，同じ単元を複数回実施することによって，よりよい授業構成原理への接近を試みるとともに，方法２でのコンテンツの改良や新たなコンテンツ開発へ向けた，PDCAサイクルに載せる。

本研究は，算数・数学学習にコンピュータプログラミングを取り入れることによって，これまでの図形学習の枠組みがどのように変化するのかという点が，教科開発学としての所以となる。教科開発学の構成を表0.2に示す。

本論文の章立てを以下に示す。

序　章　研究の目的と方法
方法１　第１章　算数・数学学習とプログラミング
　　　　　第２章　図形概念についての基礎的考察
　　　　　第３章　「LOGO プログラミング形態の変化」から捉える「図形概念の理解の様相モデル」
方法２　第４章　プログラミング活用のためのコンテンツ開発
方法３　第５章　プログラミング活用による問題解決学習について
　　　　　第６章　プログラミング活用環境下の授業における図形概念形成
　　　　　終　章　研究の成果と今後の課題

表0.2　本研究における教科開発学の構成

教科開発学	教科学	教科専門	・プログラミングで必要となる数学知識 ・現行のユークリッド幾何の視点によるプログラミングについての開発
		教科教育	・プログラミングを活用した，図形概念形成に関わる活動の特定 ・プログラミングを活用した授業構成
	教育環境学	教職専門	・図形概念形成に関わる「言語」と「イメージ」に関する心理学的知見 ・プログラミング活用環境構築としての，教材コンテンツの開発

第1章では，授業空間を，「子ども・教師・教材」の3要素間の情報の流れの視点から捉える。その上で，学習者が言語を介して，学習対象とインターラクティブに関わることのできるプログラミングを取り上げる。特にLOGO言語に注目する理由を述べ，これまでの活用事例を挙げる。また，LOGO言語自体の抱える問題点と，プログラミング言語が抱える問題点を明らかにし，これらの解決の方向性について示す。

第2章では，図形概念の特徴とその認識過程について，先行研究を整理することを目的とする。まず，一般概念が言語によって表現されることについて先行研究から明らかにする。概念は初期においては，経験によって形成されていくが，必ずしも経験を必要としないということや，イメージの役割について，心理学的知見を参考にする。その上で，図形概念は，言語・記号といった数学的な表現以外に，「概念イメージ」(Vinnner, 1991)や「形」も併せもつ(Fischbein, 1993)といった2面性についての特徴に注目する。図形概念の表記とその理解については，中原（1995）の表現体系との関わりを基にし，表現様式間の翻訳におけるイメージの役割について見る。また，心的イメージは，必ずしも有効に働くとは限らず，典型として，かえってイメージを固定する危険性について見る。図形概念の発達については，科学的研究である，van Hieleの幾何学における「学習水準理論」が，多くの数学教育研究に示唆を与え，また，本研究でも研究に取り組む姿勢も含めて参考にする。

第3章は，方法1である理論的考察の終着点とする。図形概念の発達については，特に，図形概念の2面性と発達の両面に着目した，川嵜によって行われてきた研究を取り上げる。川嵜は授業における「図形概念の理解の様相モデル」を設定した。しかし，川嵜のモデルではコンピュータやプログラミング活用は想定されていない。プログラミングは，代数的なプログラミング言語と幾何的な画面の図を有し，両者がコンピュータ内で繋がっているため，川崎のモデルにある言語的側面とイメージ的側面のずれを小さくすることが可能となる。そこで，プログラミングと図形概念形成の親和について先行研

究から考察をするとともに，プログラミング活用による，図形概念形成についての新たな吟味をする。プログラミングでは，「形」・「大きさ」・「位置」・「向き」に関わる数値を決めたり変数にしたりすることができる。このことから，川嵜の様相モデルよりも，より精緻な言語的理解やイメージ形成ができることを提案する。数値や変数は図形内と図形外に区別し，川嵜の統合的イメージを2種類に分類する。特に，変数を用いたプロシージャはひとつの概念を表すものとなり，統合的イメージ形成に活用できる。以上をもとに，「LOGO プログラミング形態」と「図形概念の理解の様相モデル」の関係を示し，両者はお互いに刺激しあって発達していくものと位置づける。

　第4章では，算数・数学の授業におけるプログラミングがどうあるべきかについての考察を通して，プログラミング教材をコンテンツにすることの意義について述べる。その上で，図形概念を形成するために，筆者のプログラミングによって開発した"学校図形 LOGO"コンテンツ群の理念的特長である，ボタン入力，算数用語を擬似プリミティブ（命令）として置くこと，図と言語の同一画面での逐次表示についてそれぞれの目的を示す。開発したコンテンツのうちのいくつかについて，その実際を示し，想定される課題やプログラミング活動も併せて提示する。

　第5章では，第6章の授業検証のために授業構成をするうえで，考慮に入れなければならなくなった，プログラミングによる問題解決学習について考察をする。コンピュータの正確で速い処理により，数多くの帰納的試行が可能になる。プログラムのバグを修正することで，反省思考やメタ認知を促す。また，問題解決方法の多様性について，実際のプログラムの記述内容からみることができる。これらの個別的活動だけでなく，プログラミングでは，自然発生的な協調的問題解決が見受けられる。さらに，プログラミングにおける遊びの効果について，自由描画や自由なプログラミングの事例から考察をする。

　第6章では，LOGO プログラミングによって図形概念形成に影響を及ぼ

す活動が起きるのか，また，開発したプログラミング教材コンテンツは児童
の図形学習に適切であるのかといった，理論や環境構築の妥当性について，
検証をした授業実践の概要と結果について示す。2校の小学校において，3
人の担任教諭によって，単元内および発展でのプログラミング課題を扱った。
それに先立って，既習事項で，筆者がプログラミングを教えた。授業は，5
ターンに分けて合計21時間実践した。5年「正多角形」では，正三角形や正
方形などの，既習内容のプログラミングから，単元の内容である正六角形へ
と導いた。6年「図形の拡大・縮小」では，単元内の内容として，拡大や縮
小をするプログラミングを扱った。6年「平行四辺形の隣り合う角」では，
未習事項に対して，児童がどのような方法で問題解決に取り組むのかを扱っ
た。これら3事例において，児童の作成したプログラムや授業プロトコル等
から，図形概念形成に影響を与えた活動を抽出し，川嵜の「図形概念の様相
モデル」のどのレベルにあるかを特定する。また，事前・事後アンケートと
テスト，算数作文（授業感想）によっても，プログラミングの意義について
示す。

　終章では，本研究の成果と今後の課題についてまとめる。特に，課題とし
ては，理論的には示したものの，授業検証が出来なかった学年のプログラミ
ングについての，今後の方向性などを中心に挙げる。

註

1）○は，大きさを指定する数値である。
2）プリミティブは，LOGO言語に最初から備わっている基本命令である。
3）擬似プリミティブは，学習者に使用させるために，あらかじめプログラミングに
　　よって作成した命令（言葉）である。学習者にとっては，プリミティブと同様の位
　　置を占めることになる。
4）兼宗進，プログラミング言語「ドリトル」http://dolittle.eplang.jp/
5）Resnick M.，プログラミング言語「スクラッチ」，http://scratch.mit.edu/
6）文部科学省，2010，「プログラミン」サイト，http://www.mext.go.jp/program-

in/

7）「マイクロワールドEX」は，株式会社FCマネジメントから発売されている日本
語と英語に対応できるLOGO言語である。本社はカナダにある。

序章の引用・参考文献

・飯島康之，日本数学教育学会編，2010，『数学教育学研究ハンドブック』，pp. 282-
291.

・海保博之，2005，『認知心理学』，朝倉書店，pp. 1-9.

・川嵜道広，2005，「直感的側面に着目した図形指導過程の研究」，『第38回数学教育
論文発表会論文集』，pp. 379-384.

・川嵜道広，2007，「図形概念に関する認識論的研究」，『日本数学教育学会誌．臨時
増刊　数学教育学論究88』，pp. 13-24.

・佐伯胖，1986，『認知科学の方法』，東京大学出版会.

・菅井勝雄，1985，「CAI研究の成果の現状と今後の展望」，『教育と情報　10月』，
文部省.

・杉野裕子，1988，「算数・数学の授業におけるコンピュータプログラミングの役割
－自作ソフト"学校図形Logo"を通して－」，『日本数学教育学会第21回数学教
育論文発表会発表要項』，pp. 133-138.

・内閣府，2015，「平成27年3月実施調査結果：消費動向調査」，http://www.esri.
cao.go.jp/

・中原忠男，1995，『算数・数学教育における構成的アプローチの研究』，聖文社，
pp. 195-206.

・Burden, M.A., 野崎明弘他訳，1976，『人工知能と人間Ⅰ』，サイエンス社.

・Papert. S., 1995, 奥村喜世子訳，『マインドストーム』，未来社.

・McCorduck. P, 1979, 黒川敏明訳，1983，『コンピュータは考える－人工知能の歴
史と展望－』，培風館.

・Battista M.T, 2002, "19 The Development of Geometric and Spatial Thinking",
Second Handbook of Research on Mathematics Teaching and Learning, Nation-
al Council of Teachers of Mathematics, pp. 843-908.

・Clements D.H., Battista M.T, 1992, "18 Geometry and Spatial Reasoning", HAND-
BOOK OF RESEARCH ON MATHEMATICS TEACHING AND LEARNING,

National Council of Teachers of Mathematics, pp. 420-464, pp. 515-556.

· Clements D.H., Battista M.T, 2001, Logo and Geometry, NCTM.

· Fischbein.E.1993, The Theory of Figural Concept, Educational Studies in Mathematics 24. 2, pp. 139-162.

· Freudenthal H., 1980, "MAJOR PROBLEMS OF MTTHEMATICS EDUCATION", ICME4, p. 1, pp. 109-111.

· Kaput J.J., 1992, "21Technology and Mathematics Education", HANDBOOK OF RESEARCH ON MATHEMATICS TEACHING AND LEARNING, National Council of Teachers of Mathematics, pp. 515-556.

· NCTM, 1980, "AN AGENDA FOR ACTION -Recommendations for School Mathematics of the 1980s", p. 1, p. 9.

· Olson A.T., 1987, "Linking Logo ,Levels and Language in Mathematics", Educational Studies in Mathematics., pp. 359-370.

· van Hiele P.M., 1986, "Structures and Insight, A Theory of Mathematics", London Academic press.

· Vinnner S. 1991, "The Roll of Definitions in the teaching and Learning of Mathematics", Advanced Mathematics Teaching Kluwer., pp. 65-81.

第1章　算数・数学学習とプログラミング

　本章では，授業におけるプログラミング活用の位置づけについて述べ，中でも LOGO 言語に着目する根拠と，これまで広がりを見せなかった原因となった問題点および解決の方向性について示す。第1節では，個人および授業における情報の流れに着目し，授業空間でのプログラミング活用の位置づけについて示す。第2節では，LOGO 言語の特徴をあげ，算数・数学学習に適している点を明確にする。また，過去の活用事例の中から，LOGO 言語のよさについてまとめる。第3節では，先行研究をもとに，LOGO 言語が算数・数学学習で広がらなかった原因について，幾何学的な視点と，プログラミング活用方法のあり方の視点から，整理をする。

第1節　数学課題とインターラクティブに関わるコンピュータ活用

（1）個人における情報の流れ

　上野（1986）は，情報化時代メディアリテラシーとして，個人のコミュニケーション能力の習得が必要であることを述べ，図1.1で示した（「外化」のみ筆者加筆）。図1.1では，音声である，「聞く」と「話す」が左右に対応していない。この理由は，入力，出力とも，それぞれにかかる負荷の軽いものを上に配置しているためと考えられる。現在では，「応用」ではなく，「活用」とした方が適切である。

　この図に対して，野田（1986）は次のように述べている。

　コミュニケーション能力とは，正しく「見る・聞く・読む」という入力情報に対

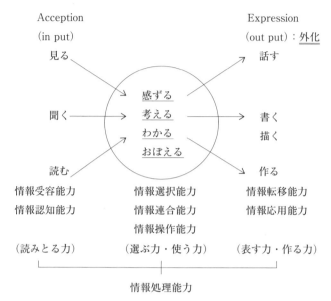

図1.1 コミュニケーション能力の構造

する受容・認知能力と，入力された情報を正しく「感ずる・考える・理解する・定着する」ことによって選択・検索・連合・操作する能力と，さらにはこれを外部に向かって正しく「話す・書(描)く・造る」という出力への応用・転移能力の全体構造において，「情報処理能力」としてまとめることができる。

　出力は，認知心理学においては「外化」である。また，「外化」は，脆弱な認知機能を補完するものともされている。認知機能の時間的な制約としては，短期記憶の保存時間は高々20秒であり，容量的制約は7チャンク程度である。また内容的には，符号や記号の処理と思惟世界（思考）とのズレが存在する。外化することによる利点は次の3点が挙げられている（海保，田辺，1996）。

①短期記憶の容量的負担を軽くして，他の情報処理作業に認知資源を振り分ける。複雑な課題を解くときには必須である。〔補完〕

②外化された内容を，もう一度入力して処理することで，内部での処理過

程の焦点化と確認が出来る。〔焦点化・確認〕

③個人的な思考を他者と共有できる。共同作業の場面では，課題解決の質があがったり，速度を速めたりすることができる。〔共有〕

図1.1では，あたかも個人内で処理した結果が出力されるように見えるが，①からすると，そうではないことが分かる。思考についてまとまらないときに，口に出したり，書いてみたりすることによって，整理される経験を誰でももっている。

平成20年小学校学習指導要領の算数科の目標は，次のとおりである（波線は加筆）。

> 算数的活動を通して，数量や図形についての基礎的・基本的な知識及び技能を身に付け，日常の事象について見通しをもち筋道を立てて考え，表現する能力を育てるとともに，算数的活動の楽しさや数理的な処理のよさに気付き，進んで生活や学習に活用しようとする態度を育てる。

平成10年学習指導要領の目標では，「表現する」という文言は無かった。個人の内部で行われる「見通しをもち筋道を立てて考える」という思考力に加えて，表現力の育成が強調された。これは，OECD の PISA 調査などによって，日本の児童生徒の表現力などに問題が見受けられる結果，および，DeSeCo（2005）によるキーコンピテンシーの影響を受けている。しかし，それだけではなく，『学習指導要領解説』（p.20）には以下の記述がある。

> 考える能力と表現する能力は互いに補完しあう関係にあるといえる。考えを表現する過程で，自分のよい点に気付いたり，誤りに気付いたりすることがあるし，自分の考えを表現することで，筋道を立てて考えを進めたり，よりよい考えをつくったりできるようになる。

解説の前半は，①の〔補完〕の機能について述べたものであり，思考は，外化することによって，活性化するという意味で，思考と表現が補完しあう。また後半部分は，②の〔焦点化・確認〕の機能について述べたものであり，

図1.2 メタ認知の情報の流れ（杉野, 2003）

表現することはメタ認知を働かせるために有効である。メタ認知は，1987年にFlavellによって提唱され，自己の認知に関する認知を行うために，自己を（ホモンクルスの存在によって）モニタリングすることである。近年では，メタ認知的知識とメタ認知的活動（技能）に分類され，各分野において研究が進められている（三宮, 1992, 海保, 1996, 重松, 2000）。メタ認知は，必ずしも外化をしなくとも働く機能であるが，外化することによって，自分の思考過程や結果について，外化されたものを通して見ることができるため，より強力に働く場合が多い。メタ認知は，思春期には一応の成熟を迎えるが，発達には個人差がある。特に学童期では，ノートに図や言葉などを書かせたり，発話で説明させたりする外化によって，メタ認知機能を活性化させ，学習内容の理解に有効に働く。この場合，自己の出力が，入力となり，図1.2で表現される。

続けて『学習指導要領解説』では，「授業の中では，様々な考えを出し合い，お互いに学び合っていくことができるようになる」と記述されており，これは，外化の利点③の〔共有〕にあたる。子ども同士が外化し合い，外化されたものが，お互いの入力となる双方向的コミュニケーションによって，協調的学習が達成される。

（2）授業空間と情報の流れ

授業は，「子ども」，「教師」，「教材」の3つの要素間の，社会的交流によって営まれる。この場合の社会的交流とは，社会的構成主義の文脈で述べら

れる，子ども同士あるいは子どもと教師間の相互作用によって形成される，教室内での活動総体を指すものとする．中原（1995, p. 9）は，数学教育の研究対象と各研究領域間の関連の図の中で，研究対象の部分として，3つの要素を図示している（図1.3）．これは，中原が参考とした，森脇が示した図において「教材」であったものを「数学」に，「教室」であったものを「授業」に置き換えたものである．森脇は，教科を特定していなかったためである．

本研究では，図1.4のように，「数学」ではなく，「教材」と表現する．小学校算数と中学校数学に特定した上で論を進めるためである．授業で子どもが学習対象とするのは，数学そのものとしての，抽象度の高い最終記述様式である記号や数値のみではない．子どもに最初に情報として提示されるものや，子どもが表現するための様式は，言語（書き言葉および話し言葉），絵図，教具，具体物などの表現様式も含まれるため，「教材」とする方が適切である．

以上述べてきた，授業における，「子ども」，「教師」，「教材」の3つの要素と，要素それぞれにおける情報の入力と出力の様子を「授業空間」として，

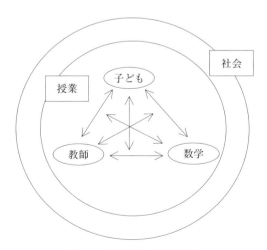

図1.3　数学教育の研究対象

図1.4で表す（杉野，2003）。入力と出力における表現様式は，視覚情報と聴覚情報を中心に，算数では，操作活動など，動作や触覚による情報も含まれる。3つの要素の相互関係の表現は，全て双方向矢印で表され，インターラクティブな交流が可能であることを示す。水平断面図は，児童相互の情報のやりとりを表したものであり，インターネットが初めて開発されたときの図と同様である。また，子ども一人ひとりの自己に関するメタ認知についても，図1.2をもとに表した。

　矢印は，情報が行き来する道筋があることを示すものであるが，必ずしも授業で，全部の矢印上を情報が行き来するとは限らない。この図は静止しているが，実際の授業では，「時間」が加わり，時間の流れの中で，情報のやりとりが行われる。そのため，授業は，3つの要素間の情報交流によって進む「4次元空間」としての営みであると言える。また，授業の始めと終わりを比較したとき（時間が経過したとき），児童個人内の，思考・理解・記憶・感情のいずれかに変化が起きていないと，学習は成立したとは言えない。

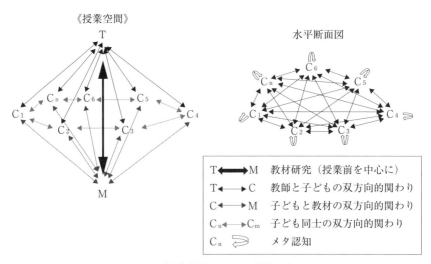

図1.4　授業空間における情報の流れ

（3）授業空間におけるプログラミングの位置づけ

Taylor（1980）は，授業でのコンピュータの使い方について，簡潔に3つに分類した。

①Tutor：子どもは，コンピュータが実行するプログラムによって，教えられる。CAI（Computer Assisted Instruction）

②Tool：コンピュータがある役割を果たすようにプログラムされている。子どもは，問題を解決するために，コンピュータを道具として使う。

③Tutee：コンピュータに教える。コンピュータが理解できる言語を使う。授業でのコンピュータ活用は，授業空間のどこにコンピュータを使うかに着目すると類別することが出来る。授業空間の上半分では，教師による教材提示や，児童がコンピュータ上で表現したものを教師が見るという使い方がある。CAIを広義に捉えれば，これらはTutorといえる。水平断面図では，児童同士のコンピュータを繋いで，お互いの考えを見あうような場の設定や，協同で問題解決をするといった使い方がある。授業空間の下半分には，ToolとTuteeが位置する。どちらも，コンピュータを介して，子どもが教材とインターラクティブに関わる中から，発見や理解をする使い方である。Toolには，作図ツール，関数グラフツール，数式処理ソフト，表計算ソフトなどが挙げられる（飯島，2010）。

Tuteeであるプログラミングが，Toolと一線を画すのは，**言語を介して**，子どもが教材に働きかけることができる点にある。Toolのように，画面上の図や数値・数式やグラフ，あるいはそれを出力するためには，画面をタッチ（ドラッグ）することで実現されたり，数値を中心とした一部の記号入力のみが必要となったりするのではない。プログラミングでは，これらを画面に出力させたり動かしたりするために，言語（ことば）の入力が必要となる。そのため，子どもが，言語（ことば）の表す意味や作用について理解することを可能にし，思考に，より直接的に関わることができる。坂村（1986）は，

コンピュータ道具論の中で，コンピュータについて，「原理と使い方を完全に分離できるということで，今までになかった道具といえるのである」と述べている。コンピュータは，思考（アイデア）と機能をはっきりと分離できる道具と言い換えることができる。コンピュータは便利な道具（Tool）として，人間の手足の延長であるばかりでない。アイデアの妥当性について確認できるもの（Tutee）として使用することができる。本研究において，プログラミングは，子どもが言語を介して，教材とインターラクティブに情報交流をする活動を通して，数学的発見や理解をすることと位置づける。

第2節　LOGO 言語とその活用

　本節では，プログラミング言語 LOGO の幾何的特徴を挙げ，LOGO 言語に注目する理由を述べる。さらに，これまでの活用事例から，LOGO 言語のよさについて見る。

（1）LOGO 言語の幾何的特徴

　LOGO 言語は，アメリカの MIT メディアラボにおいて，Papert が主任研究員となり，幾人かの人工知能研究者によって開発された。人工知能用言語 LISP を基にしており，リストの処理が可能な構造化プログラミング言語である。特に，子どもの数学学習のために開発されたことは，注目に価する。実際には，高級なプログラミング言語であり，プログラマーをめざす大人の入門として使用されることがある。

　LOGO 言語の開発研究は1968年から始められたが，Papert に研究の中心が渡されたことによって，画像処理機能が加えられた。1970年代までは，大学の研究用コンピュータで開発され，タートル（亀）は，最初は床の上を這いまわって動くロボットであった。1980代になると，パソコン上で，「タートルグラフィックス」という画像処理機能が加えられた。タートルグラフィ

クスでは、初期状態として、画面中央にタートル（亀）が位置する。ユークリッド幾何の公理的・論理的様式、デカルトの分析的・代数的様式とは異なり、タートル幾何は計算的な幾何の様式である（Papert, 1980, p. 69)。ユークリッド幾何では、「点」は位置だけがあって、色、大きさ、など一切の属性を持たない。このことは、定義として観念上で理解はできても、実際に問題にする場合は、「点」は面積をもつものとして可視化したモデルを使って表現せざるを得ない。

　タートルは、ユークリッド幾何の「点」とは異なって、**言語によって動く**という属性があるため、図1.5で示すように、「前へ　100」と言語入力（命令）をすると、向いている方向へ100ドット分進む。さらに、「右へ　30」と命令すると、方向は右へ30°回転したものとなる。このように、進む距離に関する命令と、回転に関する命令を組み合わせて、言語入力することで、画面上にタートルの軌跡としての図が描画できる。

　Papertは、タートルについて、次のように説明している。

> タートル幾何にもユークリッド幾何の点にあたるような基礎的な存在はある。これは『タートル』と呼ぶものであるが、ユークリッドの点と違って、あらゆる属性を取り払ってしまったものではなく、静的というより動的なものであるから、人が自分の知っているものと関係付けて考えられる。

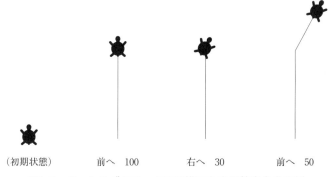

図1.5　タートルグラフィクスで描画をする基本命令の例

また，タートルには位置の他にもうひとつ重要な属性がある。それは『方向』である（Papert, 1980, p. 69）。位置だけでなく，方向を持つことによって，どちらの方向へ向こうか（例えば，「右へ ○」,「左へ ○」,「向きは ○」という命令），と考えるということでも，動的となる。

動的であることにより，人間を含めた生物や，鉛筆や車のような物への投影が出来る。特に，生物や物と自分を「同一視」することによって，学習者は，タートルを，生活経験での鉛筆や描画に類似したモデルとして，数学を扱う（学ぶ）ことが可能となる。すなわち，子どもはタートルを，理解しやすいモデルとして，自分と「同一視」できる。自分と同一視したタートルと，タートルに言語で命令している自分の2者の存在により，メタ認知が働きやすくなる。このことは，特に算数学習にとって LOGO 言語が適しており，本研究で LOGO 言語に注目した理由のひとつである。LOGO 言語にもいろいろな種類があり，亀ではなく，二等辺三角形をしたものなどがあるが，上から見たときにどちらを向いているかが分かることが必須であるとともに，子どもにとって「同一視」しやすい存在として，亀が選択されたと推測できる。

森（1991）は，「空間の量化から，図形へと進んだほうが，図形の客体化の方向をたどれるように思うとしている。そうしないと，いつまでも感性段階にとどまり，それがユークリッドの「観念としての図形」というあいまいなものにつながっていきそうだ」と述べている（森, 1991, pp. 187）。ものの長さから空間の距離へ，開き具合を表す量，角などの指導が重要になり，これらの問題には，点の運動が関係してくるとしている。子どもの未分化な感性の中でも，点の動いた距離と線の長さ，腕またはその頂点の運動と角を顕在化し，運動と軌跡と量の関係を正確にとらえることも，図形教育の基本になる（森, 1991, p. 188）。

(2) LOGO言語の活用事例

1980代の初期には，内外において，熱心な教師や研究者によって，個別学習あるいは授業として，LOGOプログラミングの実践や研究が行われた。本項では，算数・数学学習に絞った事例についてみていく。

MITのLOGO開発プロジェクトの一員であったLawlerは，自分の子どもミリアムが1981年，6歳になった日から，6ヶ月間にわたって観察をした。ミリアムが，LOGOによって，どのように算数の概念や計算方法を獲得したのかについて，1985年に，『コンピュータの経験と認知発達』にまとめた（子安，1987，佐伯，1995）。ミリアムは，足し算については，お金の計算をするときと同じ数え上げの方法で行っていた。しかし，LOGOのシューティングゲーム（タートルを的に当てるために，角度と長さを数値入力するゲーム）（図1.8）を通して，「右へ ○」，「左へ ○」という角度についての試行を繰り返す中で，足し算の繰り上がりを身につけていった。

Lawler (1985) の研究では，子どもの認知発達に及ぼす影響が3つにまとめられた。

①さまざまな要因をうまく組み合わせてプログラミングを行うという経験

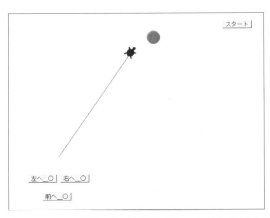

図1.6 シューティングゲーム（杉野の開発コンテンツにより再現）

が，形式的思考を発達させる。

②繰り返しやリカージョンを用いる経験は，子どもが体系的に考えることができるようにする。

③コンピュータに新しいプロシージャ（プログラム）を教える経験は，自分の考えていることに対する反省の念を強くさせる。

Clements と Battista は，1985年から1999年にかけて，精力的に研究を行い，その論文数は20以上にのぼり，成果は，2001年，『Logo and Geometry』にまとめられた。1987〜89年にかけて，タートル幾何による独自のカリキュラム・LG (Logo Geometry) によって，述べ千数百名の幼稚園から小学6年までの子どもに学ばせた。学習は，年間6週間と短期間であり，図形領域の一部の課題に限られている。LG のカリキュラムは，タートル幾何そのままであり，ユークリッド幾何とぴったりとは適合しないためである。それでも，LG の児童は，統制郡の児童に比べて，角と角度と回転に関する課題で，有意に優れていることが，テストによって示された。

日本の小学校の授業に初めて LOGO プログラミングを取り入れたのは戸塚であった。1979年に新任教論として赴任した小学校で，パソコンを使って，最初はドリル型 CAI を自作し児童にやらせたが，2ヶ月もしないうちに飽きてしまった。そこで，コンピュータに教えられるのではなく，コンピュータを教えるという発想で，LOGO プログラミングに取り組ませようとした。しかし，当時は MIT でもパソコン上でやっと動くようになったばかりで入手不可能であったため，カタカナで動く LOGO を BASIC によって自作し，山奥の小学校へ転勤して，3年間実践をした。全校児童数が10名未満のため，個別実践的な実践も多分に含むが，低学年の児童が LOGO で図形を描く中から，数についての発見をしていった。また，三角形や四角形を試行錯誤的に描くプログラミングの過程で，自分の体を使って考えることをした。円についても，児童が使うストラテジーを観察した。

子安は，Lawler の観察による研究に触発され，5歳の息子を被験者にし

て，1985年から1986年の，小学校入学前の半年間，LOGOプログラミングに取り組ませる実践研究をした。その中で，スポーツカーを描いたプログラムを再現して図1.7に示す。子安（1987）によると，この他さまざまな課題を通して，幼児でもLOGOについて一定のことを学習できることが明らかになり，「幼児は，LOGOの基本的な部分を，楽しみながら理解することができる」と結論づけた。また，理解は，"understand"や"comprehend"ではなく，"realize"，すなわち「現実のものにする」とし，「理解」の理解が深まるのだとしている。子安は，LOGOの可能性については，論じることができたが，他の誰もが利用する形式で報告する作業は，今後の課題としている。本研究は，子安が課題としたことを学校数学で実現させるためのものである。この他，土橋や鈴木ら（1988）は，小学校のゆとりの時間を使って，児童にLOGOプログラミングによって多角形を描かせる実践を行った。

杉野は，娘の1年生〜4年生までの夏休みの自由研究として，1999年から，2002年の夏にLOGOプログラミングを教え，課題に取り組ませた。

1999年，1年生の時は，自由描画に取り組ませた。「まえ　○」，「みぎむけ」，「ななめみぎむけ」，「すこしみぎむけ」，（ひだりも用意），「さんかく

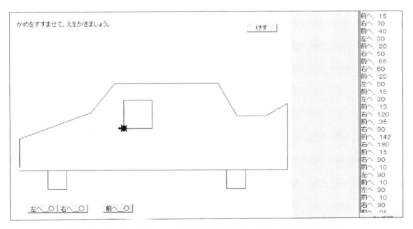

図1.7　スポーツカー（杉野の開発コンテンツにより再現）

○」,「しかく ○」,「まる ○」,「おやねさんかく○」をキーボードから入力させた。図1.8は，その時に描いた図の一部である。これらの命令は擬似プリミティブ命令として，筆者がプログラミングして作成しておいた。「ななめみぎむけ」は45°右へ回転するため，「まえ」と組み合わせて，正八角形となった。「すこしみぎむけ」は30°回転するため，正十二角形となった。1年生のため，形やその大きさに対する経験をさせたかったが，自由描画といっても，現行カリキュラムを意識して指導者側で準備した擬似プリミティブによって，子どもが描く図が制約を受けるという示唆を得た。逆に言えば，適切な擬似プリミティブを用意し児童に使用させることで，学習課題となる図形に焦点化させて描画をさせることが可能であることが分かった。

2000年，2年生の時は，当時の教育課程では，3年で学習する，正方形と長方形の描画に挑戦させ，辺の長さに関する性質と，角がすべて90であることを理解させた。続いて，長方形や正方形を回転させた模様を試行錯誤によって描かせ，正方形では一重丸，長方形では，二重丸が形の中に見えるという発見が起きた（図1.9）。

2001年，3年生の時は，未習である円を描く探求活動をさせた。角度も未習であったが，2年の模様を描く課題で，回転の大きさと数値の関係を経験していた。また，分度器をこの時初めて見せた。チャレンジ1として，2年の時に描いた正方形を回転した模様の，ギザギザを取るために，線分だけを回転したら，「はりせん」が出来た（図1.10）。

まる　　　　みぎむけ
　　　　ななめみぎむけ, すこしみぎむけ　　　　「おに」

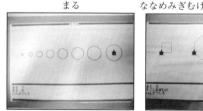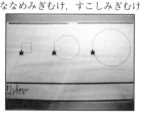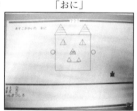

図1.8　小学校1年　自由描画

第1章 算数・数学学習とプログラミング　33

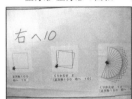
正方形　正方形の回転

正方形の回転「ひまわり・まるこ」

長方形の回転「ぎざぎざまるこ」

図1.9　小学校2年　正方形と長方形，回転した模様

ぎざぎざをとると円に

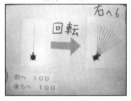
線分の回転

1回転した「はりせん」

図1.10　「はりせん」の描画

線を端の点だけにして円へ

点の回転

「点まる」

図1.11　「点まる」の描画

　チャレンジ2として，線をとって，端っこに点だけをうつことで，「点まる」を描いた（図1.11）（「点」という擬似プリミティブも用意した）。この後，点の隙間を詰めて円を完成させた。1°ずつ回転させて点を打つと，円に見えた。コンピュータの画面が細かいピクセルから出来ている以上，完全な曲線円を画面上に描くことは，不可能である。この方法は，教科書にある，コンパスでの描画へとつながる方法である。
　さらに，亀になったつもりで，実際にフープの上を歩いて円を描く活動を

34

 歩く
 20で14歩「かんづめのふた」
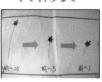 10で14歩から1で14歩まで
 1で350歩　1で350歩

図1.12　「かんづめのふた」から「円」へ

させた（図1.12）。自分の靴のサイズが20cmで，14歩でフープ上を一周したのをそのままプログラミングした。曲がる角度は，分度器で実際に測らせた（25°）。戸塚が，児童に，実際に教室内で三角形や四角形の図形の上を歩かせた方法を，円で試みた。14角形は正確には閉じていなかったが，タートルのお腹でその部分は隠れて見えなかったため，娘は「かんづめのふた」と名づけた。この後，円に近づけるためには，当時習っていたバレエでトウシューズをはいていたことを思い出し，つま先で少しずつ歩けばよいことに気付き，最終的には1にした。右へ曲がる角度も小さく，1°にした。14歩では，とても足りないため，少しずつ増やしていって，360歩で円になることを見つけた。

第3節　LOGO言語活用の問題と解決

（1）擬似プリミティブ命令による現行カリキュラムへの適合

　第2節までに見てきた事例は，全てタートル幾何による描画である。現行の小・中学校の教育課程では，ユークリッド幾何を学習する。そのため，タートル幾何でプログラミングができる図形の学習内容は限られたものとなる。そのまま当てはまる内容は，正多角形の外角の学習である。研究者による事例では，量（角度）や数についての概念が形成されたことが報告されたが，線分の長さや角度の回転は量であり，図形の構成要素の大きさについての学

習である。また，量の大きさについてプログラミングをする中で，第2節に挙げた Lawler の実践研究にあるように，数の加法について学ぶことができる。しかしながら，図形について学習するためには，タートル幾何ではなく，ユークリッド幾何に使えなければ，学校数学に継続的に LOGO プログラミングを取り入れることは出来ない。このことが，LOGO の学校数学への定着を妨げていたひとつめの問題である。LOGO は構造化言語であるため，前学年および前単元までの既習事項として行ったプログラム（プロシージャ）を使って，当該学年のプログラミングを行えるという良さがあるにもかかわらず，それを生かすことも出来ない。

　この問題に対して，最初に解決策を示したのは，Battista (1987) である。図形をみる視点をタートルではなく，図形の外に置くために，描画の途中で頂点に名前を付け，線分（辺）の長さや角度を測ったり，図形そのものを移動させたりするための擬似プリミティブを開発した。タートル幾何は，タートルに視点があり，図形を内から見ながら（図形上に自分をおいて），構成していく。これに対して，ユークリッド幾何では，図形を構成する場合でも，視点は図形の外にある。線分の代わりの棒の教具を使った構成でも，定規や分度器での作図でも，視点は，図形の外にある。上野 (1985) は，視点という言葉は2つの意味で用いられ，どこから見ているかと，どこを見ているかは違い，前者を視点として取り上げている。この視点の違いに最初に目をつけたのが，Battista である。

　第2節で，Papert が，タートルを「動的なもの」として作ったことを述べた。視点について，上野 (1985, 2008, p. 53) は，「対象を見るということにおいても，概念的に理解しようということにおいても視点の構造は，2つの対語によって表現できる。1つは，動的視点―静的視点という対語であり，もうひとつは，実在 (reality)―見え (appearance) という対語である」また，「一言で言うなら，動的視点は，実在としての対象を，静的視点は見えとしての対象を見るということができる」と述べている。また，視点の2つの働

きとして，"見る"視点と"なる"視点があり，後者に「視点の内側としての身体感覚」という重要なものが存在することに言及している（宮崎・上野，1985，2008）。タートルによる描画は，視点が図形内にあり，自分と身体的に「同一視」し，動的でリアリティのある行為となる。一方，これまでのユークリッド幾何にある描かれた図形は，視点が外にあり静的である。作図や辺に見立てた棒（教具）による構成も，結果に目が行きがちで，視点が図形外にあり静的になる。

　杉野（1998）は，まず，Battistaの擬似プリミティブ命令を日本語LOGOに移植した。図1.13は，その例である。「　　」でくくられたものがリストである。この他，独自に加えた命令も含めると40以上の命令群となり，"学校図形Logo"と名づけた。命令には，線分（辺）の長さや角度を測るもの，交点に名前をつけるもの，多角形を拡大するもの，対称移動するもの，回転移動するもの，円を描いたり円の交点に名前をつけたりするもの，接線をひくもの，おうぎ形を描くもの，垂線を下ろすもの，三角形の外接円や内接円を描くもの，座標平面や数直線を描くもの，一次関数や二次関数を描くものなどがある。これだけ擬似プリミティブを作ってしまうと，どちらかというと，便利な作図ソフトでしかなってくる恐れがある。この意味で，Battistaの擬似プリミティブでは，描き終わった後に視点を図形の外においたものの，描画では，視点がタートルにあった。本研究では，日本語に移植したBattistaの擬似プリミティブは，慎重に取り入れていかねばならないという立場をとる。タートルが線分を描きながら図形を描く場合，視点は依然として，

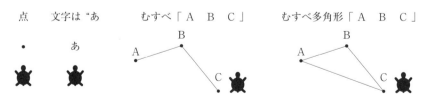

図1.13　視点を図形の外におく擬似プリミティブ命令の例

タートルの進行方向にあり，タートル幾何とユークリッド幾何を混合したものであった。

これを解決するために，杉野（1988）は，Battistaの「擬似プリミティブ」という発想にヒントを得て，タートルの動的なよさを取り入れ視点を図形内におき，なおかつ，ユークリッド幾何に対応させるために，多角形の内角でタートルが回転する命令の開発によって問題を解決した。「辺は ○」という疑似プリミティブである。

タートルは，「辺は 4」で長さが4の辺を描いた最後に，180°向きを変える。「辺」は，長さをもった線分であり端がある。直線を描く動きを止めるために線分の端でタートルが逆方向を向く。このことで，続いて，内角で回転の動きを伴う，「角度は 60」という命令を可能にした。角度は回転量であり，算数でも，量としての角は，回転として学習する。図1.14は，左から順に，3つの命令で角の図をかいたものである。杉野（1988）は，この開発により，現行カリキュラムのユークリッド幾何において，図形内で視点をタートルに置きながら，辺の長さと角の大きさを数値で指定して，多角形の内角による描画を可能にした。また，図形を描いた後に，児童が図形全体を見るときには，視点は自然に図形外にも移る。

線分と角度によって図形を構成する方法について，LOGO言語が開発される以前，1959年に，遠山が「折れ線」として提案している。

長さ―角度―長さ―角度―長さ―

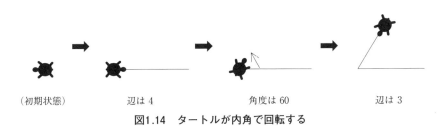

図1.14　タートルが内角で回転する

38

このように長さと角度を一つおきに並べたもので，誰でも，その折れ線を図の上に再生することができる（遠山，1959）。さらに，「折れ線の幾何」として，閉じた三角形よりは開いた2本の折れ線があり，最後に結ぶと考える方が教育的に優れているとしている。人間の歩く道と考える現実世界にもあるものから出発するからである（遠山，1972）。遠山は，角度を決めるときに，内角的と外角的の両方の場合を示している。

（2）プログラミング教授技能の問題

プログラミング言語そのものは汎用性が高いため，活用方法が教師個人に任されてしまう。どの課題にどの命令を使えば，学習目標を達成できるかの判断が難しい。また，マイクロワールドという言葉に象徴されるように，個人的な構成主義に基づく利用形態での活用が前面に出たため，子どもの創造性や自主性に全てを任せてしまうと，教科としての目標が達成できたのかどうかが分からなくなってしまう。これらについて指摘している文献はいくつか存在する。

本田（1985）は，LOGO を子どもに与えると，しばらくすると関心を示さなくなり，良いインストラクターの必要性について言及している。また，Pimm（1995）は，LOGO のよさについて述べている一方で，子どもはLOGO を用いて画面に華々しい図形を描くことに興味を持つものの，言語は2次的になり，置き去りにされる傾向があることを指摘している。

市川（1994）は，波多野（1985）の報告をもとに，比較的自由な状況でのLOGO の活用では，小学生は，場当たり的にタートルを動かして出来た絵を楽しんだり，途中で目標を変えてしまったりすることを挙げている。そして，ただ単に基本的命令を与えるだけでは，多くのものを学ぶことは期待できないとしている。個人指導に近い形でインストラクターが教えた場合には，幼少児でも LOGO は学習でき，しかも認知的な効果が得られることが示唆されることについて述べている。前項で挙げた，Lawler（1985），子安

(1987)，杉野（1999～2002）の実践は，いずれも LOGO 研究者が個別指導で行ったものである。戸塚の実践も，LOGO 実践教育者が少人数に対して行ったものである。本研究においては，このような，LOGO に対する特別な知識や特別な教授技能に頼らずとも，学校数学で LOGO プログラミングが活用できる環境の構築をする。

第4節　第1章のまとめ

　第1章では，まず，個人における情報化時代のコミュニケーション能力を，情報の入力と出力（外化）および，個人内の情報処理という観点からとらえた。外化の役割について，〔補完〕・〔焦点化・確認〕，〔共有〕があり，「算数科の目標」にも，これらの重要性がうたわれている。〔補完〕は，思考力と表現力が補完関係にあることであり，〔焦点化・確認〕は，メタ認知を働かせることであり，〔共有〕は，他者と協調・協創するために必要なことである。また，個人における情報の処理をもとに，「子ども」，「教師」，「教材」の3つの要素間の情報の流れを「授業空間」として捉えなおし，立体的図（図1.4）で示した。授業空間では，3つの要素間を，情報がインターラクティブ（双方向的）に流れることで，授業目標が達成される。

　算数・数学の授業においてコンピュータを活用する場合，「子ども」と「教材」がインターラクティブに関わることのできる形態として，Tool と Tutee があり，主に授業空間の下半分にあたる。Tutee であるプログラミング活用は，「子ども」が言語を介して「教材」とインターラクティブに関わることができるという点に特徴があり，思考や概念形成に直接的に影響を与える可能性がある。

　そこで，数学学習のためにつくられた LOGO 言語に注目した。その特徴として，ユークリッド幾何学の「点」とは異なり，LOGO の「タートル」には，「位置」に加えて，「言語で動く」，「方向」という3つの属性がある。

このことで動的になり，自分との同一視が容易なモデルを子どもは得る。

　これまでの LOGO のタートル幾何そのものによる数学学習の活用事例を見ることによって，幼児や小学校低・中学年の子どもでも，概念形成に関する一定の成果が得られていることが判明した。しかし，LOGO プログラミングを算数・数学の授業で活用するためには 2 つの問題がある。1 つめは，ユークリッド幾何でも使え，なおかつ動的なタートルの視点をもたせた LOGO 教材開発の必要性であり，杉野（1988）で解決策を示してきた。独自の「辺は　○」をはじめとする擬似プリミティブ命令によって，多角形の内角を指定してのプログラミングを可能にした。2 つめは，LOGO を熟知した指導者が，個別に学習させた場合でないと，プログラミングによって数学概念を形成させることは容易ではないということである。1 つめの問題の解決だけでは，LOGO プログラミングを学校数学で活用することは困難である。本研究において，1 つめと 2 つめの問題点を併せて解決し，授業で一般の教師が児童に LOGO プログラミングを活用させることのできる環境の構築をする。

第 1 章の引用・参考文献

・飯島康之，1997，『GC を活用した図形の指導』，明治図書.
・飯島康之監修，1999，『図形が動くと授業が変わる－平面図形の探求学習事例集－』，明治図書.
・飯島康之，2010，「コンピュータ活用」，『数学教育学研究ハンドブック』，日本数学教育学会編，東洋館出版社，pp. 282-291.
・市川伸一，1994，『コンピュータを教育に活かす』，勁草書房，pp. 39-59.
・上野辰美，1986，『教育メディアの理論と技法』，コレール社，pp. 17-20.
・上野直樹，1985，『視点』，東京大学出版会，p. 1.
・海保博之，田辺文也，1996，『ヒューマン・エラー』，新曜社，pp. 78-81.
・国立教育政策研究所，「OECD 生徒の学習到達度調査」，http://www.nier.go.jp/kokusai/pisa/
・子安増生，1987，『幼児にもわかるコンピュータ教育　LOGO プログラミングの学

習』，福村出版.

・佐伯胖，1986,『コンピュータと教育』，岩波新書.

・佐伯胖，1997,『新・コンピュータと教育』，岩波新書.

・佐伯胖，1995,『「わかる」ということの意味』岩波書店，pp. 138-155.

・坂村健，1986,「電子思考」,『放送教育 9 月号』，日本放送教育協会，p. 8.

・三宮真知子，1996,「思考におけるメタ認知と注意」,『認知心理学 4 思考』，東京
　大学出版会，pp. 157-180.

・三宮真知子，2010,「メタ認知」,『感情と思考の科学辞典』，朝倉書店，pp. 328-
　329.

・重松敬一，2000,「メタ認知」,『算数・数学科重要用語300の基礎知識』，明治図書，
　p. 67.

・杉野裕子，1988,「算数・数学の授業におけるコンピュータプログラミングの役割
　－自作ソフト"学校図形 Logo"を通して－」,『日本数学教育学会論文発表会論
　文集21』，日本数学教育学会，pp. 133-138.

・杉野裕子，1989,「数学教育におけるプログラミングの利用 －"学校図形 Logo"
　を通して－」,『教育情報研究 第 5 巻 第 1 号』，日本教育情報学会，pp. 79-88.

・杉野裕子，2001,「Logo で発見 円を描くプログラム作りを通して」，愛知教育大
　学数学教育学会誌イプシロン，pp. 35-44.

・杉野裕子，2003,「これからの算数・数学授業における情報化とコンピュータプロ
　グラミング利用」,『第36回数学教育論文発表会論文集』，日本数学教育学会，
　pp. 337-342.

・土橋栄一，鈴木勢津子ほか，1988,『ロゴと子どもと先生と』，ロゴジャパン.

・遠山啓，1959,『数学入門（上）』，岩波新書，pp. 110-115.

・遠山啓，1972,『数学の学び方・教え方』，岩波新書，pp. 156-159.

・戸塚滝登，三宅ほなみ編，1985,「LOGO で学ぶ算数」,『教室にマイコンをもちこ
　む前に』，新曜社，pp. 126-149.

・戸塚滝登，1995,『コンピュータ教育の銀河』，晩成書房.

・中村幸四郎訳，1970,『ユークリッド原論』，共立出版.

・中原忠男，1995,『算数・数学教育における構成的アプローチの研究』，聖文社，
　p. 9.

・野田一郎，1986,「ニューメディア時代の教材開発」,『放送教育 4 月号』，日本放
　送教育協会，pp. 82.

・Papert S.（奥村喜世子訳），1980（1982邦訳），『マインドストーム』，未来社.

- 本田成親，三宅ほなみ編，1985，『教室にマイコンをもちこむ前に』，新曜社，pp. 83-106.
- 宮崎清孝，上野直樹，1985，2008，『視点』，東京大学出版会，p. 53，pp. 129-137.
- 森毅，1991，『数学的思考』，講談社，pp. 185-193.
- 文部省，1999，『小学校学習指導要領解説　算数編』，東洋館出版社，pp. 13-20.
- 文部科学省，2008，『小学校学習指導要領解説　算数編』，東洋館出版社，pp. 18-22.
- 文部科学省，2014，「平成25年度　学校における教育の情報化の実態等に関する調査結果（概要），http://www.mext.go.jp/

- Battista M.T. 1987. "MATHSUTUFF Logo Procedures: Bridging the Gap between Logo and School Geometry" Arithmetic Teacher September. pp. 7-11.
- Clements D.H., Battista M.T., 2001, "Logo and Geometry", NCTM.
- DeSeCo（The OECD's Dehinition and Selection of Competencies）Project, 2005, "THE DEFINITION AND SELECTION OF KEYCOMPETENCIES".
- Flavell. J.H., 1987, "Speculations about the nature and development of metacognition.", Metacognition, motivation, and understanding, Lawrence Erlbaum Associates, pp. 21-29.
- Freudenthal H., 1980, "MAJOR PROBLEMS OF MTTHEMATICS EDUCATION", ICME4, p. 1, pp. 109-111.
- NCTM, 1980, "AN AGENDA FOR ACTION-Recommendations for School Mathematics of the 1980s", p. 1, p. 9.
- Pimm D., 1995, "Symbols and meanings in school mathematics", ROUTLEDGE, pp. 48-51.
- Taylor R., 1980, "THE COMPUTER IN THE SCHOOL Tutor, Tool, Tutee", TEACHERS COLLEGE PRESS, p. 2-4.

第2章　図形概念についての基礎的考察

　本章では，先行研究をもとに，図形概念とその認識過程についての基礎的
考察をする。第1節では，概念に関する研究の概観をする。概念理解におけ
る言語の役割について，概念の意味理解，コミュニケーション機能，思考の
ための道具の観点から，先行研究を整理する。さらに，概念獲得における経
験の役割や，イメージの機能について，先行研究を整理する。第2節では，
図形概念に関する研究を概観する。特に，図形概念の2面性について，Vin-
ner（1981, 1983）および Fischbein（1993）の研究に注目する。第3節では，図
形概念の表記とその理解について，中原（1995）の表現体系との関わりを基
にし，表現様式間の翻訳におけるイメージの役割について見る。また，心的
イメージは，必ずしも有効に働くとは限らず，典型として，かえってイメー
ジを固定する危険性について言及する。第4節では，図形概念の発達につい
て，個人的概念と数学的（客観的）概念との違いについて述べる。図形学習
での発達についての科学的研究である，van Hiele の幾何学における「学習
水準理論」は，多くの数学教育研究に示唆を与え，また，本研究でも研究に
取り組む姿勢も含めて参考にする。

第1節　概念に関する研究の概観

　第1章で述べたように，プログラミングには，言語的側面と，画面のモデ
ル（図）的側面がある。まず，概念にとって言語にどのような機能があるの
かについて，先行研究を整理する。また，コンピュータによって，これまで
に無かった正確で数多い試行が可能になることから，概念獲得における経験
の役割について見る。さらに，概念はやがて経験そのものが無くとも，イメ

ージの操作へ移行していくという点も見る。

（1）概念と言語

　Bruner は，1950年代，子どもが仮説を生成しながら，「概念」を形成する過程について，人間を含む動物が知覚や記憶を体制化しているということと，なんらかの「意味」へ向けて，世界をまとめ上げようとしていることを，実験的に検証しようとした（佐伯，1998）。概念とは，人間が，物事が何であり，どういう意味をもつかを理解することで，個人の中に形成される。また，概念の意味を他者と共有することで，伝達や会話が成立し，社会を形成することができる。

　Vygotsky は，記号（シンボル）なしのコミュニケーションが不可能であるのと全く同様に，意味なしのコミュニケーションは不可能であることを述べている。また，これはつねに一般化を必要とし，一般化はコミュニケーションの発達にともなって可能となり，人間に固有の高次な形式の精神的コミュニケーションが可能となる（Vygotsky, 1934, p. 22）。概念を思考の対象にするためには，シンボルが必要である。佐伯（1986）は，シンボルについて，下記のように述べている。

　　人間の頭の中にある知識や理解内容を，頭の外に，なんらかの『かたち』や『しるし』として表したものである。そこには必然的にある種の『抽象化（abstraction）』が行われる。抽象化とここでいうのは，アブストラクション，すなわちアブストラクト（要約）をつくるというはたらきである。〈…中略…〉シンボルをつくるということは，外界を解釈するということであり，さらに，その解釈の痕跡を頭の外になんらかの形として取り出し，記録として残すということである。

　シンボルによって，抽象化する前のもとのかたちを復元することが可能になる。佐伯（1986）によると，人間はきわめて限られた情報処理能力しか持っておらず，思考するために何らかのシンボルまたはそのシンボルを表示し伝達する媒体（メディア）を必要とする。

シンボルとして代表的なものは言語であるが，初期には，情動的・表現的運動（表情や身振り，音声的反応）が現れる。Kellerによるチンパンジーの観察から，チンパンシーがこれらのシンボルをもつことは分かったが，それが必ずしも言語に繋がっていくとはいえない（Vygotsky, 1936, p. 137）。また，Vygotskyは子どもの言語獲得について下記のように述べている（Vygotsky, 1930年代）。

> 子どもによる道具の使用が猿の道具的活用を想起させるのは子どもが発達の前言語的段階にいる間だけである。〈…中略…〉子どもが，あらかじめ自分の行動を制御したあと，ことばの助けによって状況を制御しはじめるその時から，根本的に新しい行動の組織，および環境との新しい関係が発生する。〈…中略…〉子どもは目標物を手にいれようとしてただ行動するだけでなく，同時に発話もすることが明らかにされた。

Piagetが子どもは，自己中心的な言葉「内言」→「外言」と発達するとしたのに対し，Vygotskyは，「外言」→「自己中心的ことば」→「内言」と発達すると述べた（Vygotsky, 1937ほか）。Piagetの「内言」は，Vygotskyの「自己中心的ことば」と重なる。人間は，他者とのコミュニケーション手段として「外言」を使用するが，思考という，より高次な機能においては，「内言」の役割が大きく，またメタ認知機能も果たす。

Vygotskyは，このような，シンボルや言語（代数記号，芸術作品，文字，図式，図表，地図，設計図などあらゆる種類の記号を含めたもの）を，「思考の道具」として，図2.1のXで表している。AおよびBは，人間の思考の中にある2

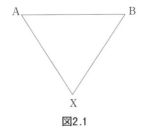

図2.1

つの刺激を表す。思考は，「思考の道具」Xを媒介にして行われる。また，「思考の道具」は外言となったとき，他者とのコミュニケーションの道具としても使われる。コンピュータのプログラミング言語や画面で表現されたものも，「思考の道具」となり，人間の概念獲得や思考，およびコミュニケーション活動のために用いることができる。

ここで，媒介性について考察する。生活で使用する物理的道具は，回りの環境へ向けた人間の外的活動の手段であり，他者にもその道具の使い方は伝わるという媒介性がある。それに対し，言語を始めとする「思考の道具」は，他者とのコミュニケーション手段となるだけでなく，思考や概念形成の変化を及ぼすという意味で，内面に向けた媒介性をもっている。このように，言語をはじめとするあらゆるシンボルは思考に影響を与え，近年，シンボルには，熟考や知的活動に役割を果たす支持機能と，主体の態度や感情に関わる喚起的機能があることが分かってきた。

また，シンボルと思考と指示物（概念）との関係は，図2.2で表される。シンボルと指示物（概念）との直接的な関係は否定され，シンボルが思考あるいは心的プロセスを介して間接的に指示物に帰属される（深田，仲本，2008）。人間は，思考するためにシンボル（言語も含む）を用いるが，シンボルは思考によってその意味を獲得するともいえる。

中でも，「言語」は，記述言語にも音声言語にもなり，視覚と聴覚それぞれのコミュニケーションにおいて，それぞれの特徴を生かすことができるも

図2.2　シンボル―思考―指示物

のである。記述言語は，時間を超越して書きとめることができるというよさがあるのに対し，音声言語は一瞬で消えるものの，短時間でその場の状況に応じた的確な意味を含んで伝えられるというよさがある。

人間の概念形成における意味理解，思考，およびコミュニケーション活動において，思考の道具，とりわけ「言語」の果たす役割は大きい。プログラミング言語も，そのひとつである。本研究では，これまでの言語との違いも含めて解明していく。

（2）概念獲得と経験

幼児期や児童期においては，実際の物を見たり触ったり，擬似経験を通して，言葉を獲得し概念を形成していく。Piaget は，前操作期と具体的操作期を区別し，発達は発生するという観点から，実験や考察をしてきた。このことは，一定の評価を受け，現在の学習指導要領では，子どもの数・量・図形についての発達段階を考慮して内容が配列されている。しかし，概念形成や発達は，自己発生的に起きるのではなく，社会的関わりや経験が不可欠であることを主張する研究者は多い。Vygotsky もそのひとりであり，子どもは他者から得る援助によって，発達の最近領域まで伸びることを述べた。これは，社会的コミュニケーションに軸をおいた論といえる。

一方，Piaget の発生的な観点からの考察に対して，Diens (1963) は，ある概念が形成される過程には，長い時間が必要であり，概念とは一見無関係に見える多くのことがなされていなければならないことを初めて明らかにした。無意識の段階・遊びの段階が，前操作期にあたり，この間に経験をしていてはじめて，それらの経験を統合できるとした。特に，抽象的概念である数学概念を，具体的操作期において獲得するためには，具体的に経験することが必要であることに言及し，種々の教具を開発した (Diens, 1963)。Vygotskyは，子どもは，経験の多様な要素を一般化する方向へ，最初の前進をとげるとしている。しかし，自然な発達した形態における概念というものは，経験

の個々の具体的要素を結合し，一般化しただけのものではなく，さらに，個々の要素の抽出・抽象・隔離を通して，具体的に経験したことのない事例についても吟味できる能力を前提とすることを述べている（Vygotsky, 1934, pp. 205-208）。この詳細は，次項で述べる概念におけるイメージの役割に関係する。

Vygotsky は，生活的概念においては，物や経験から概念へと進むのに対して，科学的概念については，概念から物や経験へと，逆の道を進むと述べている（柴田，2006，pp. 101-103）。また，科学的概念の習得は子ども自身の経験の過程で形成された概念に基礎をおくということができる（Vygotsky, 1934, p. 248）。これは，生活概念と科学概念は，お互いに補完しあう関係にあることを表す。このことに関して，Skemp は，数学的概念の学習について，以下のように示した（Skemp, 1971, p. 21）。

・ある個人がすでにもっている概念よりも高次の概念は，単なる定義によっては理解されない。唯一の方法は，適切な範例の集合を示すことである。

・数学においては，これらの範例とは，ほとんど常にまた他の概念であるから，これらの概念がすでに学習者のなかに形成ずみであることが確認されねばならない。

換言すれば，数学学習，特に算数学習においては，定義を示して，それに基づいて学習を進める方法では，子どもは概念を獲得したり学習したりすることが困難である。定義が納得できる状態に近づけるために，具体的な経験や操作を通して，その定義の必要性について，子どもが感じられるようにしなければならない。

波多野（1982）は，「平行四辺形を，同じ長さの棒を 2 本ずつ任意に選んで構成する場で，対辺に同じ長さの棒をもってきたときのみ，平行四辺形をつくり出すことができる」という経験はきわめて有効であるとして，心理モデルの重要性について述べている。その場合，たまたま選んできた棒につい

ての確認だけでなく，どうしても対辺を同じにしなければならないという必然性の実感が必要であり，単に事実の観察だけでなく，事実に対する仮想的な変形が必要であることに言及している。すべての平行四辺形を吟味する必要はなく（時間的・物理的に不可能であり），納得が必要である（波多野，1982，pp. 43-44）。

　このように，概念形成には，特に子どもの場合，初期には経験が必要である。次いで，心的モデルが必要であり，LOGO のタートルはそのひとつとなる。経験は，概念形成の準備のためであり，概念が獲得されると同時に，経験そのものが無くとも，概念をことばで表現したり，概念についての思考をしたりすることが可能となる。

（3）概念とイメージ

　前項で述べたように，経験によって概念が獲得されると，概念の外延である事物が目の前に無くとも，捉えている意味によって，思考の対象となり得る。外延である事物の代わりとなる役割を果たすものが，イメージである。水島（1983, p. 111）は，意味をもった言語はイメージを喚起するが，意味のない言語ではイメージは喚起されないと述べている。

　Vygotsky（1934）は，経験から概念が形成され，言語で表現できることを「転移の法則」としている。何かの操作（経験）を自覚するということは，それを行動の局面から言語の局面へ移行させることである。また，それは，言語で表現できるように想像のなかで再現することを意味する（Vygotsky, 1934, p. 253）。想像の中で再現，すなわちイメージを作り，イメージを操作したりすることである。換言すれば，あらゆる単語は，その発生の契機として形象をもっており，言葉は意味を表すだけでなく，なぜそういう意味なのかを示す形象をもつ。言語の成長と発達の過程で，形象は次第に失われていき，単語は意味と音のみを保持する。しかし，言葉を深く吟味することによって，その形象は明らかになる（Vygotsky, 1930年代，p. 155）。人間は，概念につい

てより深く考える段階で，ふたたびイメージを拠り所にする。水島ら
(1983) によれば，概念とイメージの違いは，いずれも認知対象を前提として
して形成されるものであるが，イメージが直接的に感覚・知覚的体験を通して
形成されるのに対して，概念はイメージを前提として成立した言語の系として
て成立する（水島ら，1983，p.129）。また，概念とイメージの差異について，
語によってひきおこされる両者の内容によって知ることができるとしている。

> たとえば，イヌという語によって，われわれは，知識を含め体験したさまざまな
> イヌについての具体的状況を含めたイメージをうかべることができる。また，イ
> ヌという語から『忠実さ』だとか『人なつこさ』などという象徴的ないし抽象的
> なイメージも浮べることもできる。イヌそのもののイメージをうかべることはで
> きず，多くはイヌの概念に下位するイメージである。これに対して概念は，イヌ
> に並列する概念（ネコなど）を想起するとともに，カテゴリーの体系（イヌ―動
> 物―生物）をその内容に含めるものとなる（水島ら，1983，p.129）。

　言葉は思考にとって不可欠であるが，頭の中だけで処理しきれなくなった
ときに，メモや図式など何らかの外化をし，それをもとに，頭の中に思考対
象のイメージをつくり，さまざまに変形して，意味をとらえようとする（佐
伯，1986，pp.60-61）。Kosslynら (2009) は，イメージの生成について，最も
基礎的な事実として，2つのことを挙げている（Kosslyn, 2009, p.63）。

①我々がイメージをもっている。
②我々は常時決まったイメージを持っているのではない。

　イメージは，人の頭の中で生成され，また，そのイメージは変わっていく
ことが分かる。イメージ（表象）は，関係する客体が目の前に無くても発生
するため，知覚そのものよりも詳細ではないが，一般化されている。しかし，
この一般化の度合いは様々で，個人により違いがある。イメージの役割は，
知覚から，抽象的な論理思考への橋渡しをすることである。イメージの操作

が可能になるのは，言語の媒介によって，抽象概念の中でイメージの加工がされるときである（中村，2010）。

イメージの形象的な変化に対して，Piaget は，イメージを「再生心像」と「予想心像」に分け，静止・運動・変形について吟味するために，様々な実験をした。Piaget らの研究では，運動や変形に関するイメージが可能になるのは，具体的操作の時期とされ，イメージは，操作という外的なものを通して発達していく（Piaget, Inhelder, 1975）。概念理解は，イメージの空間的，時間的変化によって，可能になる（宮崎，1985，p.102）。また，これらのイメージの内在化について，模倣動作の場合は内在化はゼロであるが心像を伴うことはある。一方，描画の場合には，内在化は必然的に生じる。なぜなら描画とは，はじめは内在化された心像を，再び外在化させることである。コンピュータによる描画も，イメージに働きかけをすることが示唆される。タートルは方向を持ち，動的な存在であること，およびコンピュータ画面での動的表示により，運動や変形に対するイメージを作りやいものである。併せて，プログラミングは言語を有するため，概念やイメージに，より直接的な働きかけをするものと期待できる。

第2節　図形概念に関する研究の概観

（1）図形概念にとっての実在物や経験

ユークリッド幾何では，「点」は位置だけがあって，色，大きさなど，一切の属性を持たない。点も直線も面も，観念上のもので，その本質は，目に見えない実在しないものである。川嵜（1998，p.473）が大学生を対象として行った，「三角形，四角形，円などの小学校の図形指導で扱われる図形は実在するかどうか自分の考えを述べよ」という調査問題の結果は，以下のとおりである。

【図形が現実に存在するかどうか】

　　　実在する　　46.6%

　　　実在しない　53.4%

【図形がどこに実在するか】

　・直観主義（現実主義）的考え：現実の物理的世界に存在　　44.7%

　・理想主義的考え：抽象世界に存在　　　　　　　　　　　42.7%

　・構成主義的考え：人の心の中の心理学的構成物　　　　　12.9%

　川嵜は，これらは「心理の本性」に対する見方の違いであるとし，図形概念は定義によって決定される絶対的概念であり必然的先験的概念であるとしている。しかし，現実世界に「かたち」を見ることができるため，経験的概念であるともいえるとしている（川嵜，1998）。小学校の算数では，図形は現実のものの中から「かたち」を見つけることから始まる。形式的な操作が求められる図形の証明においてさえ，中学校や高等学校の数学では，問題文と並列して図が描かれていることがほとんどである。描かれていない場合，学習者は自ら描き，それを拠り所に思考をし，証明をする。

　また，図形についてより詳細に考察を進める場合，構成要素である辺や角などの大きさといった量を問題にする場合がある。量は実在物であり，具体物操作・作図・コンピュータ上での描画（プログラミング）による経験を通して，理解を図る学習段階がある（詳細は，第3節で述べる）。

　実在物や経験によって得られるものとして，「図形感覚」も挙げられる。平成20年学習指導要領の低学年の目標には，具体物を用いた活動などを通して，「図形についての感覚を豊かにする」ことが記されている。また，第3内容の取り扱いに関する解説では，図形についての豊かな感覚を育てることは，学年に関係なく継続するように記されている。図形の感覚を豊かにするという文言は，平成10年の学習指導要領から記されるようになった。解説をもとに，「図形の豊かな感覚」について，松尾（2004）は，次の4点を挙げ

ている。

①ものの形を認めたり，その特徴をとらえたりすることができることである。

②身の回りにあるタイルや建物などに見られる幾何学模様などの図形的な美しさに気付くことでできることである。

③図形を構成したり分解したりする見通しをもつことができることである。

④図形を多様な観点からみることができることである。

①，③，④は，図形認知やイメージ形成に関するものであるが，②にあるように，「美しさ」も感覚には含められる。この点については，川嵜（2001）は，前者を外的直観，後者を内的直観として「よさ」や「美しさ」の認識としている。図形指導においては，外的直観を養うだけでなく，内的直観も学習者の動機付けにかかわるという点で重要である。

（2）Vinner の研究：概念イメージと概念定義

生活概念については，イメージが直接的に感覚・知覚的体験を通して形成されるのに対して，数学概念はイメージを前提として，思考の道具（特に言語）によって，成立した言語の系として成立する。どちらも学童期の概念形成においては，経験をもとにするが，イメージ形成が先行し，次いで言語によって概念が表現される。ここで注意すべきことは，一般概念において，イメージは，最初は形象をもとに形成されるが，個人の中のイメージは，必ずしも形象ではないということである。ところが，図形概念は本来的に形象的である。また，抽象的であるが故に，できるかぎりの属性を捨象したものであるため，比較的簡単に図に描き表すことが可能である。頭の中のイメージも，形象として存在する。

Vinner（1981, 1983）は，数学的概念は，「概念イメージ」と「概念定義」

54

の2面を有することを示した。中でも図形概念はそれ自体が形象的であり，「概念イメージ」を視覚的な表象として，心の中に思い浮かべることができる。それに対して，「概念定義」は，図形の名称や定義や性質について，言葉や・記号を用いて表現したものである。

　川嵜は，「長方形の形をすぐにかくことはできるが，長方形の定義はかくことができない。このことは長方形の概念や，イメージと定義の関係にかかわる問題である」として，図形における「概念イメージ」と「概念定義」について，次のように示した（川嵜，1993，p.62）

〔概念イメージ〕
　図形の「イメージ」を，図形概念におけるイメージコードの意味でとらえる。つまり図形のイメージは，単に視覚的な情報の寄せ集めではなく，図形に対する図的・映像的・同時的形態が符号化され，記憶内に貯蔵された表象のことである。図形に関する情報の質や量の違い，そして符号化の違いにより，基本的には図形のイメージは人により異なるものである。

〔概念定義〕
　記憶内に貯蔵された図形の名称や定義，性質などは，図形概念の言語コードによる表象と考えられる。図形概念を表現するためには数学用語が必要である。そしてその用語の意味を明確に規定した文が定義である。したがって図形の定義は，ある図形をその他の図形から区別するために必要十分な条件を用いて行われる。図形の定義は一般的な「数学的定義」である。

　このように，図形には，「概念イメージ」と「概念定義」という2面があり，この2面が補完しあって学習が進むことが理想である。しかしながら，2面の形成の様相に大きなずれがあったり，どちらか一方に誤りがあったりする場合，正しい図形概念を形成することは困難となる。

（3）Fischbein の研究：Figural Concepts

Vinner は，概念イメージを，個人がもつ形象的なメンタルイメージであり，学習によって，変化するとした。一方 Fischbein (1993) は，図形概念を，観念上のものというよりは，図をもつ実在的なものと捉え，図形は，「概念」と「図」の両方の性質を併せ持つ特別なものとして，「Figural Concepts」と名づけた。従って，Fischbein の図形のイメージは，形，大きさ，位置，向きといった属性をもつものである。Vinner の概念イメージは，心の中の形として静的であるのに対して，Fischbein のイメージは，様々な形・大きさ・位置・向きを統合した，動的なイメージを伴うものとして捉えられている。これは，Piaget の述べた予想心像に関係し，頭の中で図形のイメージを動的に操作することを要求するものである。

Fischbein は，例えば，図に描かれた二等辺三角形 ABC について（AB＝AC），底角である∠B＝∠C を証明するまでもなく，左右を裏返して重ねる操作をイメージの中で行うことで，直感的に理解できるとしている。しかし，明確な意味を理解するためには，∠B＝∠C であることの証明が必要である。

Figural Concepts の育成に関して，Pimm (1995) は，目を閉じて正方形を思い浮かべ，それを拡大・縮小したり，回転したりするよう，学習者に求める課題を提案している（Pimm, 1995, p.38）。ダイナミックなイメージを形成するためには，ポスターに描かれたような静的な図に対して，ビデオのような動的な図の方が有効であると述べている。しかし，それを見せただけでは，直接な体験とはならず，子どもが，コンピュータのスクリーン上で，図形を作図したり，動かしたりすことを提案している。例として，LOGO や Cabri-Geometry などのコンピュータ活用を挙げている。

Figural Concepts を育成するための研究として，コンピュータによる作図活動について，辻（2003）は，動的幾何ソフトの中でも，飯島の GC について，図形をつかんで動かした場合，図形の性質は保持したままで変形できる機能を備えたものとして，評価している。中学校段階では，GC による図形

の変形をもとに，形が変わっても，性質が変わらないことについて，生徒は証明によって，納得を得ようとする活動へと移行していくことも実際に示されてきた。これに対して，小学校段階で Figual Concepts を育成するためには，これまでは，教具の使用や実際の作図がその位置を占めてきた。しかしながら，形としての「図」と，言語・記号などで表現される「概念」を児童が同時に頭の中で繋ぎ合せるのは困難である。また，教具や作図は，物理的・時間的制約が大きい。これらを補い，「図」と「言語・記号」で表される図形概念を表現する手立てとして，本研究において，プログラミングに着目する。

第3節　図形概念の表記とその理解

（1）数学の表現体系との関わり

　平林（1967）は，言語・数式では，関係が明白に表現され，しかも関係の見方の変更が，変形規則によって表記的に行えるのに対して，図の関係表記法は総合的であり，明白ではなく，観点の変更は学習者の心理にとどまって，表記的に行いにくいとした。学習指導では，図的表記法としての図のよさと悪さがあり，指導でこのような特性を生かすことの重用性に言及している（平林，1967，pp. 17-1〜17-4）。

　数学学習では，現実的表現と数学的表記の間には，抽象のレベルの異なった，いくつかの表現様式が存在する。Bruner（1966）は，子どもの認知様式や思考様式における表象を Enactive Representation（行動的表現），Iconic Representation（図的表現），Symbolic Representation（記号的表現）の3つに分類し，それは，ESI 原理と呼ばれている。抽象度は，E→I→Sと高くなる。

　Lesh（1981）は，Bruner の示したE（行動的表現）を，「現実界の状況」と「操作的教具」に分類している点で，算数教育において評価されている。ま

た，授業ではコミュニケーションの手段として有効ではあるが，「話された記号」という，表記に関係ないものも加えている。さらに，5つの関係を一方向の矢印ではなく，双方向矢印によって，また，一列ではなく，各表現を全部につなげているところが評価される（中原，1995, pp.197-198）。

Haylock (1982) は，S（記号的表現）を，「数学的言語表現」と「記号」に分類している点が評価される（中原，1995, pp.198-199）。

算数・数学では，現実場面から導入して，最後的には記号操作へ向かうが，記号操作として高度に抽象化された数学言語は，現実の物理的なさまざまな現象の説明や，物を作るときに欠くことのできない道具として使われる。広島大学の研究者のグループにおいて戸田，平林，中原を中心として，30年以上に渡って受け継がれた表記に関する研究では，Bruner (1966) のEIS原理，Lesh (1981) の表現体系，Haylock (1982) の表現体系を取り入れながら，聴覚的言葉を除いた表現様式について，図2.3の表現体系としてまとめられた（中原，1995）。

図の上部ほど抽象度が高く，矢印は表現様式間および表現様式内の変換を

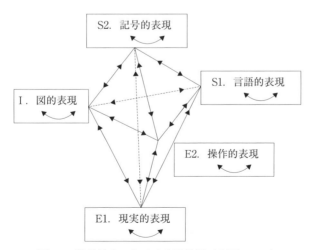

図2.3　数学教育における表現体系（中原，1995）

表す。子どもは，現実的表現から始まって，この矢印の経路のどれかをたどって，記号的表現へと進む。もちろん，逆の方向も，現実場面への数学の活用という点で重要である。表現様式間の翻訳は，学習者の認知・認識といった内面的活動として行われる。なお，図的表現は，情景図，場面図，手続き図，構造図，概念図，関係図，グラフ図，図形図に分類される。川嵜（1998）は，操作的表現は，図形の「動的イメージ」として，図的表現は，図形の「静的イメージ」として，それぞれイメージコードで表象され，合わせて図形のイメージを形成することを述べている。

　中原（1995）は，「近年，コンピュータが急速に発展，普及し，これを用いた数学的知識の表現も多様なものが考え出されつつある。これは，特有の利点と問題点があり，独立した研究を要するので本研究においては対象としないことにする」と述べている（中原，1995，p.194）。コンピュータを活用して，これらの表現様式を関連づける研究としては，楕円の幾何学的な定義（言語的表現）と図形（図的表現）及び方程式（記号的表現）の３つの表現様式を関連付けるために，関数グラフツール GRAPES を活用した研究がある（佐伯他，2013）。GRAPES によって，方程式とグラフ図の関連付けは直接的になるが，言語的表現は，楕円の性質に関して生徒が気付いた性質についての発言や記述に留まっている。

　本研究は，プログラミングには，言語・記号的表現がそのまま含まれるため，表現体系における各表現およびその翻訳に関する新たな役割を解明しようとするものである（このことについては，第３章において述べる）。

（2）図形概念における，表現様式の翻訳としてのイメージの役割

　平林は，数学的活動の一つの特徴として，それが最後的には何らかの形で「表記」に結ばれ，それゆえ，数学は一種の言語であると述べた。心的活動性は，いわば言語としての数学の深層であり，数学的表記は，言語としての数学の表層に属するものである。表層において構成された表記は，また深層

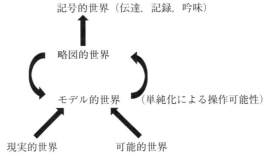

図2.4 略図的世界の位置づけ

の活動性に影響を及ぼし，時には深層構造に変革を及ぼすことさえあること指摘している（平林，1987，pp.374-375）。図形学習においても，中原が示した，5つの表現様式が使われる。表現様式間の翻訳の部分で，子どもはつまずいたり，各表現間の不整合を起こしたりする。これらをなくしていくことが，図形教育のひとつの課題となる。

佐伯（1986）は，記号的世界と，モデル的世界の間に，略図的世界を置いている（図2.4）。略図は個人的な吟味のためのものであり，個人のレベルによって，記号が略図となる場合もあるが（数学者に近いレベル），小学生では，教具などのモデルでさえ，その教具のもつ意味が理解できないと略図の役割を果たさない（佐伯，1986，pp.136-138）。表現様式間の翻訳は，これまで，個人の思考の中における，イメージの操作として行われてきた。Smirnovは，「問題についての図形やそのイメージなしには，幾何の問題を解くことは不可能である。算数問題における失敗は，学習者が問題の内容を直接的にイメージしなかったがためにひきおこされることがしばしばある」と指摘している（水島，1983，p.133）。

図形の中でも，空間図形は，空間像がつくりにくいという点で，最も難しい。本研究では，2次元である平面図形を扱うが，参考にすべき点があるため，狭間（2002）とHershkowitz（1996）の空間図形に関する研究もみる。

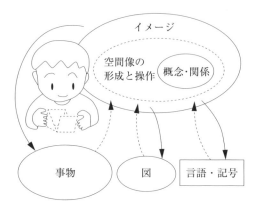

図2.5　空間思考（狭間，2002）

Hershkowitzによれば，現実のモノと図との間に直接的な関連性はなく，そのような関連性はイメージの中で作られ，イメージがモノと図を双方向的に翻訳するための役割を果たす。また，図も含めて，言語や記号といったシンボルは，イメージによって翻訳される（Hershkowitz, 1996, p.193）。また，Hershkowitzは，イメージ形成に，コンピュータソフトが役割を果たすであろうことについて言及している（Hershkowitz, 1996, p.202）。狭間は，Hershkowitzのイメージの役割について，図2.5のイラストで分かりやすく表現した。そして，児童・生徒が空間図形問題を解くときのイメージについて，発話やメモ書きから見い出し，空間思考の発達指標を示した（狭間，2002）。

（3）図形認知と理解における典型イメージと心的回転

　松尾（1996）は，長方形の弁別に関する研究の中で，人がある概念を絵に描いて示せば，それはその人の概念イメージを表したことになり，その絵をその人の概念イメージに整合していると捉えることができるとしている。長方形の形をしたものは，身の回りに多数存在し，初期においては，それを見た経験から，長方形のイメージは形成される。

　長方形は小学校2年で学習する。杉野（2013a）は，小学校の教科書におけ

る長方形の扱いについて調べた。三角形と四角形の単元において，「三角形」，「四角形」，「辺」，「ちょう点」，「直角」という用語について学習をした後，「長方形」の名称と定義が載っている。2011年に発行された6社の教科書では，どれも定義として，以下の記述がある。

> （4つの）かどが，みんな　直角に　なって
> いる　四角形を　**長方形**と　いいます。

　併せて長方形の図が描かれているが，図の数や形は教科書によってさまざまである。表2.1はそれをまとめたものである。図が，児童の長方形の典型イメージへと固定されてしまう懸念があるため，複数の長方形を載せるか，敢えて1つも載せてない教科書がある一方，1つだけの教科書もある。横長の長方形は4社が載せているが，長辺の短辺に対する長さの割合は，1.5〜2.3の幅がある。また，縦長だけを載せている1社は，辺の長さの割合が1.25と非常に小さい。斜めの長方形だけを載せている教科書はないが，辺の長さの割合は，3.8や7.0のように非常に大きいものがある。これは，縦長，横長と併せて，複数載せているためであると考えられる。美しいとされる，黄金比に近いものは少ない。初めて長方形の定義について学習する児童にとって，どのような提示の仕方が適切であろうか。第2章で挙げたPimm

表2.1　定義に載せられた長方形の形と個数

	横長	縦長	斜め
教育出版			
学校図書	1　(1.8)		
啓林館		1　(1.25)	
日本文教出版	1　(1.5)		1　(1.7横)
東京書籍	1　(2.3)	1　(1.9)	1　(7.0横)
大日本図書	1　(2.0)		2　(2.0縦 3.8横)

※カッコ内は，長辺の短辺に対する長さの割合

62

（1995）の指摘のように，ひとつの長方形で全てを代表とすることはできない。

　小学校2年の教科書では，続いて長方形の辺の長さの性質について学習する。長方形の紙を折って確かめる活動の後に，以下のように記されている。

> 長方形の，むかい合って　いる　辺の　長さは　同じです。

　この後，方眼や，縦横等間隔に並んだドット上に，指定された辺の長さや自由な辺の長さで長方形を描く課題と，描かれたいくつかの四角形の中から長方形を見つける課題がある。教科書によっては，単元末に，身の回りから長方形のものを見つける活動もある。気になることは，定義や性質を先に示し，その後で，活動を通した経験をさせる点である。概念は，経験や活動を通してイメージを作り，その後に，言語的に表現されるという方向と逆行している。この点を考慮に入れ，教師は教科書に書かれた順序とおりではなく，慎重に教材分析をして授業を構成する必要がある。

　水島（1983）は，先行研究をもとに，「柔軟な思考をもたない生徒は，しばしば，与えられた図形の最初の位置に『束縛』され，自分のイメージを頭の中で変更することがなかなかできない」また，「不適切な第1のイメージは課題解決に否定的な影響を与える。この結果，生徒は適切な第2のイメージをつくることができなくなる」としている（水島，1983，pp. 134-135）。

　松尾（1998）は，「長方形」という名称自体が，「長い」という概念イメージを形成する，名称の不適切さについて，先行研究をもとに言及している。また，小学校においては，「正方形」と「長方形」は別の図形として扱うため（中学校より，包摂関係として理解させる），正方形とは異なった図形として，イメージの中に，より長いものを思い浮かべることを示した。

　杉野（2013a）は，2010年に20名の大学3年生の長方形概念について，質問紙に書かせて調べた。また，2013年にも22名の大学生に対して同様に調べた。

　質問1：長方形のイメージを図に描いて下さい（正方形の枠の中に1つ描か

表2.2　大学3年生の長方形の典型イメージ（単位：人）

	2010年		2013年	
横長	18		16	
縦長	2		6	
斜め	0		0	
3.0≦r	2	11	2	10
2.0<r<3.0	9		8	
r＝2.0	4		3	
1.6<r<2.0	4	8	6	9
r＝1.6（黄金比）	0		1	
r<1.6	1		2	

※rは，長辺の短辺に対する長さの割合

せる）。

　質問2：いろいろな長方形を描いて下さい（大きなスペースにいくつか描か
　　　　　せる）。

質問1は長方形の典型を問うものであり，表2.2は，その結果をまとめたものである。縦長よりも，横長のイメージをもっている学生の方がかなり多い。また，ほとんどの学生の長辺の短辺に対する割合は，黄金比（約1.6）より大きい。2よりも大きい学生が約半数を占める傾向がある。

　質問2は，長方形のイメージの多様さを問うものであり，2010年の調査では，大学生は平均5個の長方形を描き，ほぼ全員が縦長と横長の長方形を描いた。斜めの図は半数弱の学生しか，描かなかった。成人に達している者でも，長方形の概念イメージ形成は豊かになっていないことが窺える。長方形の定義を問う質問と，長方形の性質を問う質問も同時に課した。定義が書けた大学生はほとんどおらず，性質に関する記述も非常に曖昧であった。概念イメージだけでなく，概念定義も十分に発達していないことが分かった。これらのことから，長方形について，適切に学習していない実態が推測される。

また，質問2で，正方形を描いた学生は18名中5名であった。さらに，正方形，長方形，ひし形，平行四辺形の包摂関係について問う問題を課したところ，言語・記号を用いて正しく答えられる学生は少数であり，包摂関係を正しく集合のベン図に描けた学生はいなかった。ゆとりの学習指導要領で育ってきた学生ということもあるが，図形概念を包摂関係で捉えることは，容易ではないことが伺える。

心的イメージを典型として静的に固定しないで，動的な変形や回転などができることで，概念を正しく理解できる。向きの知覚が，形の知覚に影響を及ぼす例として有名なのが正方形と菱形に関する知覚で，すでに19世紀末に示され，Rockによって実験も試みられている（吉村，2001）。図2.6の2つの図形は合同であるにもかかわらず，左は正方形，右は菱形と知覚される。合同な図形を，45°回転させただけであるが，菱形と知覚されるときには，頂点部分が「上」となる。このような「上」の割り当てが行われ，形そのものより，強力に働く。実際，教科書に描かれている菱形も頂点が「上」に割り当てられている。

斜めに傾いた図形についてのイメージももつことで，図形の多面的なイメージ形成はされる。傾いた図形に関する知覚については，心的回転の実験が有名である。Shepard (1971) によってまとめられた結果によると，図形をさまざまな角度で回転したものを示し，同じ図形かどうかを判別するのにかかる時間が，回転の角度180°を頂点とする山形の曲線となった。傾きが大きいほど時間がかかり，頭の中で，イメージを回転させていること，また，右回

図2.6　正方形と菱形

転と左回転では，回転のしやすい方で，180°より小さくなるようにしている
ことが分かった。Cooper (1975) の実験では，心的回転は一定の速度で起き
るという仮説と一致した（高野，1987）。また，この心的回転は，イメージを
動かす訓練によって，かかる時間が早くなることも示されている（Stllings,
1987）。

　図形の，様々な角度の回転をはじめ，移動，変形といった動的なイメージ
形成に対して，コンピュータ画面による表現は，今後一定の役割を果たして
いくことになるであろう。

第4節　図形概念の発達

（1）個人的概念と数学的（客観的）概念

　Vygotsky は，学校教育における子どもの概念（言葉や意味）も，科学的概
念も発達するものであり，出来上がった形で習得されるものではないことを
述べている（Vygotsky, 1934, p. 226）。科学的概念の発達に関して，「新しい言
語を習得したときにそれに対応する概念の発達過程は終わったのではなく，
始まったばかりである」としている（Vygotsky, 1934, p. 353）。また，このこと
に関しては，認知心理学の立場から，意味とは客観的なものではなく，個人
の状況によって変化するもので，また，意味は定義しつくせないことが分か
っている（中村，1995）。概念とは，生成的なものであり，新たな事例を発生
させたり，個々の事例を何らかの連続的変化の途上に位置づけたりできるも
のといった方がふさわしい（上野，1985）。これらは，Piaget の発生的認識論
における，同化と調節による，シェマの変形にも対応する。同化は，物理世
界からのデータを個人の精神的構造に取り込むように，修正する。しかし，
新しいデータが個人内部にあるシェマ（概念とも言える）と衝突を起こし，均
衡を保てない場合，シェマ自体を修正する調節を行う。すなわち，概念を拡
張したり，他の概念と関係付けたりする（Copeland, 1974, pp. 54-60）。このよ

うに，個人的概念は発達するものであり，子どもは，数学的（客観的）概念を，一度にそのまま取り込むのではない。

　川嵜（2007）は，図形指導において，図形に関する情報が，言語や図や操作などの様々な表現様式を媒介として子どもに伝達され解釈されるが，教師が意図した意味は数学的図形概念であり，子どもが解釈した意味は個人的図形概念であると区別している。また，図形指導に関する教授学的研究のねらいは，図形指導において，主観的な個人的図形概念を，いかにして客観的な数学的概念の認識へと変えていくのかを考察することであると述べている（川嵜，2007，p.18）。また，松尾（2000）も，個人の概念イメージと概念定義は必ずしも数学の世界で受け入れられている数学的な定義と一致しているわけではなく，概念イメージや概念定義が普遍的な概念に近づいていくとき，概念が形成されつつ，理想的な姿に近づくと述べている。

　数学概念は，定義で決められた客観的な概念であるのに対し，個人は一度にその概念を獲得するものではなく，図形概念も個人の中で，変わり発達していくと捉えることができる。また，概念イメージは，始めは1つであったメンタルピクチャー（形象を伴うイメージ）が，発達によって，多数存在するようになり，やがてそれらは概念を表す集合としてみなし，統合されるようになる。

（2）van Hiele の幾何学における「学習水準理論」

　子どもが幾何を学習するときの発達の理論として，数学教育で最も注目され続けてきた研究のひとつが，van Hiele（1957）による「幾何学習水準理論」である。オランダの中学校の数学教師であった van Hiele 夫妻による共同学位論文である。当時 Freudenthal が評価していたものの，アメリカや日本で翻訳・紹介され，注目されたのは1970年代である。このようないきさつから，本項においては，van Hiele の研究の数学教育的意義について解明している，小山（1987）の研究に注目し，先行研究として参考にしながら，まとめてい

第 2 章　図形概念についての基礎的考察　67

表2.3　幾何学における「学習水準」（小山, 1987より）

□ 内は，学習対象
□ 内は，学習方法
⬆ は，学習段階を通しての方法の対象化

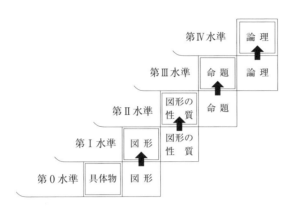

く（以降小山の研究からの抜粋も含む）。

「学習水準理論」は，幾何学における5つの思考水準と，その水準を上げるための5つの学習段階から成り，「方法の対象化」という特徴を有している。表2.3はその構図を示したものである（小山，1987）。例えば，0水準での対象は，具体物であり，身の回りのものである。ものから形を抽象することから，図形教育が始まる。小学校1年では，例えば，「長方形」という用語は学習しないが，四角の形のものを認め，四角の色板を使った操作活動が行われる。小学校2年では，「長方形」という用語を学習するとともに，小学校1年では方法であった形（長方形の形）を対象として，長方形の性質について学習する。このように，前水準では方法であったものが，水準が上がると対象となる。

また，「学習水準理論」は，言語水準理論としてみることができる。異なった水準にいる者の間では，低い水準の者は，より高い水準にいる者の使用する言語を理解できない。すなわち，教師の説明が生徒に理解できないのは，

教師が実際の生徒の水準よりも高い水準での言語を用いて説明するからである（小山，1987）。

松尾（2000）を参考にしつつ，言語とイメージの役割を考慮した杉野の見解によって，「長方形」を例に挙げて，水準移行について述べる。

第0水準

身の回りのものから，長方形の形を抽象して認める。視覚を頼りに，形を全体として認知する。視覚は，一瞬で全体を知覚できる優れた感覚である。また，この水準では，長方形の形を描くこともできる。このことから，長方形のイメージを子どもの中に形成する段階であるとも言える。さらに，長方形以外の形（ひし形，三角形，円など）は，長方形でないと認める。正方形は長方形とは異なって見え，実際には，小学校では，別のものとして学習される。

第I水準

長方形を図形として扱う。4つの角があり，全て直角である。そして，向かい合う辺の長さが等しいこと，対角線の長さが等しいことなど，図形の性質についての探求が方法となる。これらの性質は，言語で表現される。長方形の全体を見るのではなく，その構成要素を対象にし，構成要素についての探求を行うともいえる。

第II水準

第I水準では方法であった，図形の性質が対象となり，図形の性質の順序付けが方法となる。例えば，四角形の向かい合う辺が等しければ，全ての角は直角になるという命題についての検討ができる（これは正しくない）。また，四角形の全ての角が直角であれば，向かい合う辺の長さが等しいという命題も検討できる（これは正しい）。この場合，言語表現された性質だけでなく，イメージの操作が思考の中で行われ，その性質を現すいろいろな形を動的に思い浮かべることができる。また，2つの命題のうち後者が正しいことから，長方形の定義は，「4つの角が全て等しい」ことへの理解が始まる。しかし，

命題の演繹はできず，また，長方形と他の四角形の包摂関係の捉えも曖昧である。

第Ⅲ水準

　第Ⅱ水準では，方法であった命題が対象となり，命題を演繹的に証明することができる。例えば，長方形の向かい合う辺の長さが等しいことを，対角線で2つの直角三角形に分け，定義である直角を用いて，直角三角形の合同条件を使って証明することができる。逆や必要十分条件についての検討もできる。また，図形間の関係として，包摂関係も捉えることができる。イメージは1面的な支えのみですみ（証明のための静的な図をかく），言語の果たす役割が中心となる。しかし，包摂関係を捉える場合は，イメージを動的に捉えた上での統合的なイメージを必要とする。

第Ⅳ水準

　第Ⅲ水準であった，演繹の集合，すなわち公理系が対象となり，異なる公理系どうしを比較したり，新しい公理系を作ることができる。

　「学習水準理論」は，学問としての数学教授学の，教授学的・心理学的・教育学的な原理であり，van Hiele は，以下の6点について明確に述べて初めて学問として成立するとした（小山，1987）。

　①どのような方法を用いるか。

　②どのような教材をもちいるか。

　③どのような教授学的・心理学的・教育学的な原理に基づいているか。

　④教科の中間段階での教育目標。

　⑤授業のプロトコル。

　⑥研究全体の解釈

　「学習水準理論」は，「仮説の設定－仮説の検証のための教授過程の分析」を経て生まれたものであり，科学的研究である。本研究も，プログラミングによる図形概念形成において，van Hiele が示した科学的研究たる所以となる6点に留意しながら進めていく。

第5節　第2章のまとめ

　第1節では，まず，一般概念について考察をした。概念とは，「意味」を表すものであり個人の中に形成されていくものである。その意味について認識するためには，Vygotsky が提唱した「思考の道具」が重要な役割を果たす。「思考の道具」となるものは，言語・記号をはじめ，図や芸術作品などあらゆるシンボルが使われる。人間の頭の中に存在する概念の「意味」を，5感で知覚できるものとして，外化することによって，他者とのコミュニケーションが成立する。中でも，言語の果たす役割は大きい。また，思考を進めたり，「意味」と「意味」の関係を繋ぐためには，人間は頭の中で言語を使って思考をする。

　一般概念の獲得にあたっては，経験の果たす役割が大きく，概念は自然発生するものではなく，社会的なコミュニケーションがそれを支える。特に抽象概念は，それを獲得するための様々な具体的経験の多様な要素を，一般化する方向へ進む。しかしながら，概念が形成されると，必ずしも全ての経験をする必要はなくなり，意味を表す「言葉」として頭の中に存在する。言語で表現できるようになる頃は，想像の中での再現が可能になる。すなわちイメージができる。イメージは概念獲得の段階では，形象をもっているが，必ずしも形象的なものとは限らない。また，概念は，次第に，イメージを意識しなくなり，意味と音のみを保持するようになる。しかしながら，よい高度な概念を形成しようとするときには，イメージは再び喚起され，イメージの操作が行われる。

　第2節では，図形概念に関する研究の概観をした。図形概念にとっての実在物や，図を見る経験は概念形成にとって重要であり，豊かな図形感覚も養える。図形概念は，視覚的な「概念イメージ」と言語で表現される「概念定義」をもつ。Vinnner はこの2面性を示し，お互いが補完しあって概念獲得

がされることが理想であることを述べた。また，Fischbein は，図形概念を，観念上のものというよりは，図をもつという意味で実在的なものと捉え，図形は，「言語的もなの」と「図」の両方を併せ持つ，特別な概念であり，Figural Concepts と名づけた。Figural Concepts の育成のためには，イメージの動的な操作が必要である。これによって，イメージは多面的になり，さらに，ある概念を満たす集合として統合的となる。

第 3 節では，図形概念の表記とその理解について概観をした。中原 (1995) の数学における表現体系により，音声言語を除いた表記に関する表現として，抽象度の低いものから順に，現実的表現・操作的表現・図的表現・言語的表現・記号的表現の 5 つがあり，相互の表現間の翻訳は，学習者の頭の中で行われ，特に図形学習では，形象的イメージが翻訳の役割を果たすことが分かった。また，コンピュータを活用することで，イメージ形成を助ける可能性があり，特にプログラミングでは，言語と図の両方があることから，この両者間の翻訳に対してより強力に働く可能性がある。

イメージは必ずしも有効に働くとは限らないことについて，典型イメージと心的回転についてみた。長方形を例にあげ，定義を学習する 2 年の教科書に書かれた図の形や向きを調べた結果はさまざまであり，典型として固定されないような工夫がある教科書とそうでない教科書があった。また，大学生の典型のイメージは横長で，長辺の短辺に対する長さの比が大きく，名称や正方形との区別から起きていると推測された。多面的イメージに関するアンケートからは，斜めの長方形を描く学生は半数に留まり，イメージが適切に育成されていないこともうかがえた。言語的に表記させた，定義や性質および，他の四角形との包摂関係のテストでは，理解度が非常に低いことが判明した。イメージを育成するためには，教具を使用したり作図をしたりする経験が必要である。心的回転をしなければならい経験も必要である。コンピュータ画面による動的表現は，今後一定の役割を果たしていくと期待できる。

第 4 節では，図形概念には，個人的概念と数学的（客観的）概念があり，

子どもが解釈した意味は，必ずしも，教師が意図する数学的概念とは限らないことを述べた。個人的概念を数学的概念へと近づけていくのが図形指導のねらいである。図形概念は，個人の中で，徐々に発達するものである。このような発達に対して，科学的手法によって研究された，van Hiele の幾何学における「学習水準理論」は，5つの思考水準を明らかにするとともに，前水準では方法であったものが，次の水準では対象となる「方法の対象化」という特徴を示した。図形学習においては，子どもの思考水準を考慮に入れた教材の配列や，個別差への対応が必要である。

第2章の引用・参考文献

- 飯島康之監修，1999，『図形が動くと授業が変わる　―平面図形の探求学習事例集―』，明治図書.
- 上野直樹，1985，『視点』，東京大学出版会，p. 57.
- 川嵜道広，1993，「情報処理システムによる図形の認知過程の考察（Ⅰ）」，『第26回数学教育論文発表会論文集』，日本数学教育学会，pp. 61-62.
- 川嵜道広，1998，「図形概念の数学的認識に基づく図形指導の考察」，『第31回数学教育論文発表会論文集』，日本数学教育学会，pp. 473-474.
- 川嵜道広，1998，「図形概念の言語的表現に関する認識論的研究」，『全国数学教育学会誌　数学教育学研究　第4巻』，p. 154.
- 川嵜道広，1999，「図形概念の現実的表現に関する認識論的研究」，『全国数学教育学会誌　数学教育学研究　第5巻』，pp. 91-100.
- 川嵜道広，2001，「図形指導における『図形感覚』の意味について」，『全国数学教育学会誌　数学教育学研究　第7巻』，p. 98.
- 川嵜道広，2007，「図形概念に関する認識論的研究」，『日本数学教育学会誌．臨時増刊　数学教育学論究88』，pp. 13-24.
- 銀林浩，1975，『量の世界』，むぎ書房.
- Kosslyn S. M., Tompson W. L., Ganis G.，武田克彦監訳，2009，『心的イメージとは何か』，北大路書房.
- Copeland, 1974, 佐藤俊太郎訳，1976，『ピアジェを算数教育にどう生かすか』，明治図書，pp. 54-60.
- 小山正孝，1987，「Van Hiele の『学習水準理論』について」，数学教育学論究.

47・48，日本数学教育学会，pp. 48-52.

・佐伯胖編，1982，『認知心理学講座　3 推論と理解』，東京大学出版会，pp. 44-47.

・佐伯胖，1986，『コンピュータと教育』，岩波新書，pp. 60-70，pp. 136-138.

・佐伯胖，1998，『心理学と教育実践の間で』，東京大学出版会，pp. 171-173.

・佐伯昭彦，末廣聡，中谷亮子，2013，「楕円の幾何学的な定義を図形及び方程式の表現様式を関連付ける数学的活動　―表現様式間及び表現様式内の変換を支援するテクノロジー活用―」，『科学教育研究37，1』，pp. 2-14.

・柴田義松，2006，『ヴィゴツキー入門』，子どもの未来社，pp. 101-103.

・Skemp 1971，藤永保，銀林浩訳，1973，『数学学習の心理学』，新曜社.

・杉野裕子，志水廣編，2009，「4 章　量と測定の指導」，『小学校算数科の指導』，建帛社，pp. 106-129.

・杉野裕子，2013a，「算数学習におけるコンピュータプログラミング活用　―長方形概念形成のための LOGO 教材開発―」，『科教研報28巻 8 号』，日本科学教育学会，pp. 37-42.

・Stllings N.A.，1987，海保博之ら訳，『認知科学通論』，新曜社，pp. 50-59.

・高木光太郎，波多野誼余夫編，1996，『認知心理学5　学習と発達』，東京大学出版会.

・高取憲一郎，1994，『ヴィゴツキー・ピアジェと活動理論の展開』，法政出版，pp. 47-49.

・高野陽太郎，1987，『傾いた図形の謎』，東京大学出版会.

・Denis M.，1979，寺内礼監訳，『イメージの心理学』，勁草書房.

・Diens，片桐重男訳，1977，『ディーンズ選集 1　算数・数学の創造的学習』，新数社.

・中原忠男，1995，『算数・数学教育における構成的アプローチの研究』，聖文社，pp. 193-210.

・中村和夫，2010，『ヴィゴツキーに学ぶ　子どもの想像と人格の発達』，福村出版，pp. 41-44.

・中村嗣郎，1995，『認知心理学　3 言語』，東京大学出版会，pp. 217-233.

・狭間節子，2002，「空間図形の学習における空間思考の特徴と発達指標」，『こうすれば空間図形の学習は変わる』，明治図書，pp. 9-33.

・波多野誼余夫，1982，『認知心理学講座　4 学習と発達』，東京大学出版会，pp. 43-50.

・平林一栄，1967，「数学教育における表記の問題　―図的表記の言語性―」，『数学

教育研究論文発表会要項2』，日本数学教育学会，pp. 17-1～17-4.

・平林一栄，1987，『数学教育の活動主義的展開』，東洋館出版社，pp. 374-375,
　　p. 244, p. 250.

・Vygotsky, 1930, 柴田義松ら訳，「心理学における道具的方法」，『心理学の危機』，
　　明治図書，pp. 51-59.

・Vygotsky, 1930年代，柴田義松ら訳，2002，『新児童心理学講義』，新読書社，
　　pp. 187-192.

・Vygotsky, 1930年代，柴田義松ら訳2005，『教育心理学講義』，新読書社，pp. 153-
　　158.

・Vygotsky, 1934, 柴田義松訳，2001，『思考と言語』，新読書社，p. 22, pp. 109-146,
　　pp. 205-208, p. 225-353, pp. 297-304, pp. 446-448.

・Piaget J., 1970, 中垣啓訳，2007，『ピアジェに学ぶ認知発達の科学』，北大路書房.

・Piaget J., Inhelder B., 久米博，岸田秀訳，1975，『心像の発達心理学』，国土社.

・Buruner J.S, 1966, 田浦武雄，水越敏行訳，『教授理論の建設』，黎明書房，p. 68.

・深田智，仲本康一郎，2008，『概念化と意味の世界』，研究社，pp. 4-7.

・松尾七重，1996，「図形の概念形成を促進する要因に関する基礎的研究　―長方形
　　の弁別に着目して―」，『数学教育学論究，65，66』，pp. 3-33.

・松尾七重，1998，「図形の名称の概念形成に及ぼす影響　―長方形を中心にて―」，
　　『日本科学教育学会　年会論文集　22』，pp. 115-116.

・松尾七重，2000，『算数・数学における図形指導の改善』，東洋館出版社，pp. 88-
　　100.

・松尾七重，2004，『「図形」の豊かな感覚をはぐくむ』，『楽しい算数の授業』，明治
　　図書，pp. 4-7.

・水島恵一，上杉喬編，1983，『イメージの基礎心理学』，誠信書房，p. 111, p. 129,
　　p. 133, pp. 134-135.

・宮崎清孝，1985，『視点』，東京大学出版会，p. 102.

・文部省，1999，『小学校学習指導要領解説　算数編』，東洋館出版社.

・文部科学省，2008，『小学校学習指導要領解説　算数編』，東洋館出版社.

・Euclid, 中村幸四郎，寺坂英孝，伊藤俊太郎，池田恵美訳，2011，『ユークリッド原
　　論（追補版）』，共立出版，pp. 1-2.

・吉村浩一，『知覚は問題解決過程　―アーヴィン・ロックの認知心理学―』，ナカニ
　　シヤ出版，pp. 1-43.

・Fischibein E., 1993, "The Theory of Figural Concepts", Educational Studies in Mahematics, Vol. 24, No. 2, Springer, pp. 139-162.

・Hershkowits R. P., 1996, "Space and Shape", International Handbook of Mathematics Education, NCTM., p. 193, p. 202.

・Vinner S., 1983, "Concept definition, Concept image and the notion of function", International Journal of Mathematical Education in Science and Technology, 14, 3, pp. 293-305.

・Vinner S., 1991, "The role of definition in the teaching and learning of mathematics, ADVANCED MATHEMATICAL THINKING, pp. 65-81.

〈小学校検定教科書：平成20年学習指導要領準拠〉

・『新しい算数』 1 年用， 2 年用，東京書籍.

・『小学算数』 1 年用， 2 年用，教育出版.

・『小学算数』 1 年用， 2 年用，日本文教出版.

・『たのしい算数』 1 年用， 2 年用，大日本図書.

・『みんなと学ぶ小学算数』 1 年用， 2 年用，学校図書.

・『わくわく算数』 1 年用， 2 年用，啓林館.

第3章 「LOGO プログラミング形態の変化」から捉える 「図形概念の理解の様相モデル」

　第2章では，先行研究をもとに，図形概念とその認識過程について整理をした。図形概念は，イメージ的（形象的）側面と，言語的側面の2面を有する。また，図形概念の発達について科学的研究によって明らかにされた「学習水準理論」がある。子どもの，授業における図形概念の理解について，2面についての概念発達の様相を明らかにしたものとしては，川嵜（2005, 2007）の「図形概念の理解の様相モデル」がある。しかし，川嵜のモデルでは，コンピュータやプログラミング活用は想定されていない。本章の目的は，子どもの図形概念獲得過程における「LOGO プログラミング形態の変化」を示し，プログラミングからの接近によって，様相モデルでは明確にしきれていない，図形概念の言語やイメージについて，精緻化をすることにある。同時に，本研究は，プログラミング活用によって学習者が川嵜の様相のどこに位置するのかを特定するとともに，様相の引き上げに関与できることを示そうとするものである（この実際は，第6章の授業検証で示す）。

　第1節では，川嵜の様相モデルについて吟味し，図形概念認識過程における，イメージと言語の状態について見ていく。第2節では，川嵜のモデルでは想定されていないプログラミングについて取り上げる。LOGO プログラミングと図形概念形成の親和について，図形概念の2面性および，これまで LOGO プログラミングによって図形概念が発達することを示してきた研究を見る。第3節では，これらの研究では注意深く吟味されていない，図形の傾き（回転），位置（移動），変数を使用したプロシージャについて，それぞれの意味の検討を行う。

　その上で，第4節において，「LOGO プログラミングの変化の形態」を示

す。それぞれの形態が，図形概念にとってどのような段階にあるかを明らかにし，言語とイメージに関してのプログラミング例を挙げる。

これらを踏まえて，第5節では，川嵜の「図形概念の理解の様相モデル」と「LOGO プログラミング形態の変化」の関係を示す。

第1節　川嵜の「図形概念の理解の様相モデル」

川嵜は，1980年代から，図形概念とその理解に関して精力的に研究を進め，授業における子どもの図形概念の理解について，「図形概念も様相モデル」（図3.1）を作り上げ，（川嵜，2005），2007年に学位論文として著した。図形概念の2面をイメージと言語に分け，それぞれが発達する様相を示した。図3.1の，2種類の破線を見ると，イメージの発達が先行し，言語が追いついていくことが分かる。

約30年間に及ぶ川嵜の研究は，様々な観点から，図形とその学習に関して接近が試みられている。図形とは，現実に存在するものかどうかという哲学的観念論から始まり，図形概念が獲得されるときの，知覚直観・イメージ・図・言語，および図形感覚などについて，その様相や役割について，数学・認知・心理・教育学的な視座から追究をしている。また，図形概念における，表現様式（中原によって示された，現実・操作・図・言語・記号）を取り込んでいる。さらに，概念発達には，van Hiele の幾何学における「水準理論」も考

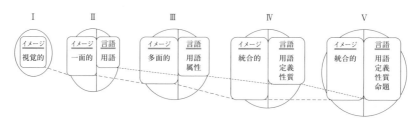

図3.1　「図形概念の理解の様相モデル」（川嵜，2005，2007）

慮している。特に，Vinner が示した図形概念の2面性や Fischbein の図形概念の特徴について，これらに関する外界の認知や外化を，個人の情報処理システムとして解釈し，個人内で図形概念が形成される状態を解明してきた。また，生徒や学生に図形の問題を解かせたり，アンケートを実施したりという調査を行った。このような過程を通して，図形概念形成における，言語とイメージに関して，その意味や役割について追究してきた。

　川嵜は，図形概念は客観的な「数学的図形概念」と，「個人的図形概念」に分類され，「個人的図形概念」は，言語的表象とイメージ的表象の2面を有し，「個人的図形概念」を「数学概念」の認識へと変えていくのが図形指導のねらいであるとしている。そして，この過程を，子どもの図形概念の認識状況として捉え，様相Ⅰから様相Ⅴへと発達する「図形概念の理解の様相モデル」を設定した。各様相において，イメージと言語が融合することにより，確かな図形概念が認識される（川嵜，2005，2007）。川嵜（2005）より，各様相における，イメージと言語の状態について引用・抜粋する。〔　　　〕内は，杉野による加筆。

様相Ⅰ：図形概念は，図形の形についての視覚的なイメージにより認識される。図的表現の特質の「視覚性」は認識されるが，その他の特質は認識されない。イメージは，個々の図により離散的に捉えられる。図形の同定は，形の類似性により判断される。また，言語的表現は意識されていない。
　　　　〔例えば，身の回りから，「しかく」の形を認めたり，見つけたりする。〕
様相Ⅱ：図形概念は図形の典型的なイメージにより認識される。言語としては，図形概念の用語が意識的に用いられるが，図形の認識にはイメージの影響が強い。図的表現の特質の「典型性」が意識される。図の典型例により，一面的に理解され，図形概念は典型的な事例を中

心にして家族的類似性に従って構造化される。言語的表現としては，図形概念の用語が，図形を同定・類別するために意識的に用いられる。

〔例えば，「長方形」という用語を理解し，個人の中に，典型イメージが形成される。似た形のものを，「長方形」として認識する。〕

様相Ⅲ：図形概念は構成要素により分析され，図形の属性を構成要素により，言語的に述べられるようになる。図形表現の特質の「空間性」や「全体性」が認識される。構成要素の分析により，図形の判断には図形の位置や大きさなどの空間的特質は関与しないことが理解される。従って典型例とは異なる位置に置かれた図形なども同定でき，図形は多面的に理解される。言語表現では，例えば，「長方形ならば～」と，様々な属性を構成要素に基づいて述べることができるようになる。しかし依然として，イメージに基づく属性も，図形を決定する属性として考えられる。

〔長方形の辺や角について，それらの個数や大きさに目を向ける。また，位置や大きさなどが変わっても「長方形」と同定できるということで，イメージが多面的になる。〕

様相Ⅳ：図形概念の定義の必要性が意識され，定義や性質が認識されるようになる。図的表現の特質の「一般性」が認識され，イメージは継時的・連続変化をともなって考えられ，図形は統合的に理解される。言語的表現では，定義の意味が理解され，イメージに基づく属性は，定義としては不適当であることに気付く。しかし，性質を考える際には，図的表現の助けが必要である。正方形もしくは平行四辺形との包摂関係を理解する。

〔「長方形」の様々なイメージが，集合としてひとつにまとめられ，概念を形成する。「長方形」の定義として，4つの角が直角であることが分かり，性質と区別する。〕

様相Ⅴ：図形概念は，言語的表現により論理的に述べられることに気付く。図的表現の助けを借りることなく命題を理解することができる。命題文の語彙的理解，構文的理解，意味論的理解といった，主に言語表現に関する意識が必要になり，イメージは無視することができる。〔「長方形」に関する命題，例えば，「向かい合う辺の長さが等しい四角形は長方形である」という言語表現について，その意味を理解し，命題の真偽について問い，真の場合は証明へと向かうことができる。〕

　多面的見方と動的見方の違いについて，川嵜は，前者は一面的に見ていた対象を，「イメージの心的操作により多面的にみる」としている。また，後者は「心の中の絵として静的に捉えていたイメージを動的に捉える」としている。そして，動的イメージが統合的イメージに対応していると述べている。Vinner (1983) によれば，「図形の概念イメージは，概念あるいはその性質と関連するメンタルピクチャーの集合のことである」。統合的イメージは，イメージの単なる寄せ集めではなく，同じ概念を表現したものとして統合されたものでなければならない。これらのことから，あるひとつの図形概念を「動的に見る」とは，定義を保ったまま，図形の形や大きさを連続的にイメージの中で変えることと捉えることができる。

　本研究において，川嵜の「図形概念の理解の様相モデル」を基盤におく理由は，このような多方面からの観点により，深く追究されていることと，単に個人が図形概念を形成する過程ではなく，教授学的な視点から，授業における図形概念に関して示していることによる。「図形概念の理解の様相モデル」は，「図形概念の指導モデル」によって，教師が持つべき指導の概念として，表されている（図3.2）。小学校から中学校を通して，授業において図形概念が形成される過程を明らかにしようとしたものであり，授業の目標である発達段階および，子ども一人ひとりがもつ個人的概念の発達段階に目を

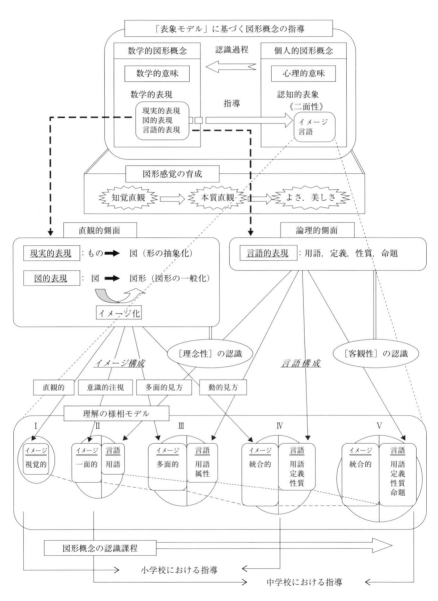

図3.2　図形概念の指導モデル（川嵜, 2007, p.22）

第3章　「LOGO プログラミング形態の変化」から捉える「図形概念の理解の様相モデル」　83

向け，最終的には数学的（客観的）概念へと近づけていこうとするものである。

第2節　プログラミングと図形概念形成の親和

本節では，図形概念の2面性とプログラミングの親和について述べる。また，LOGO プログラミングによって，van Hiele の幾何学習水準が引き上げられることに関する先行研究から，LOGO プログラミングの可能性を探る。

（1）図形概念の2面性とプログラミング

第2章において図形概念はには，言語・記号など，言語的に表される面と，図や形象的な形を持つイメージ的な面があることを述べた。川嵜（2005，2007）の「図形概念の理解の様相モデルにおいても，各様相は，「イメージ」と「言語」に分けられている。個人が図形概念を保持する手立てとして，この2つが脳内に存在し，必要に応じて呼び出される。

このような図形概念の2面性に対して，プログラミングが活用できる。プログラミングによって画面に図形を構成する場合，言語的表現・記号的表現がプログラムに含まれ，画面の図は図的表現である。学習者は言語・記号や，その中の数値を変えることで，画面の図を変えるという操作的経験もできる。川嵜は，イメージの操作を，中原の操作的表現に位置づけたが，コンピュータ画面表示は，より現実的な操作的表現となる。さらに，コンピュータ内部では，言語と画面の図がつながっていることにより，これまで困難が多かった，表現間の翻訳についての役割を担うことが可能である。

コンピュータを活用した表現様式は，テクノロジーによる新たな表現を含むため，図3.3の中原（1995）表現体系にそのまま埋め込むことは難しい。そこで，コンピュータによる表現体系について，中原の表現体系と対比させて考察をする。コンピュータによる5つの表現体系を以下に挙げる（t：コン

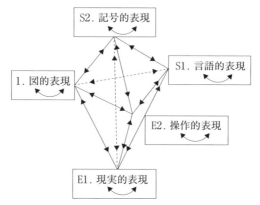

図3.3 数学教育における表現体系（再掲）

ピュータテクノロジー活用）。

　E1t：実物映像としての現実的表現

　E2t：コンピュータシミュレーション操作

　It：コンピュータ画面上での図的表現（図形図，グラフ図をはじめ，図を画面で表現する。）

　S1t：言語によるコンピュータでの入・出力（プログラミングとして言語でコンピュータに入力したり，画面へ言語を出力したりする。）

　S2t：記号や数値によるコンピュータでの入・出力（記号や数値をコンピュータに入力したり，画面へ記号を出力したりする。）

　テクノロジーを活用したこれらの表現体系が，中原の表現体系と異なる特徴として，主に以下の4点が挙げられる。

　①時間を扱うことができる。

　②画面は，無数回の書き直しが可能である。

　③計算処理スピードが速く，正確である。

　④表現様式同士を接近させることができる。

　コンピュータは時間を扱い制御できるという特徴があるため，Itにおいて

は，図形図を，一定のスピードで連続的変化をさせるなどの動的幾何環境が実現される。また，表現媒体としての画面は，書き直しが可能であるため，いったんかかれた図形図は，紙や黒板上とは違い，消してすぐに新しい図を表出させることが可能となる。コンピュータは図3.3の5つの表現様式のうち，2つ以上を含むことが出来，それらの強化や接近を，テクノロジーの力によって実現することが可能になる。例えば，飯島のGCは，It（図形図）とE2t（シミュレーション操作）を接近させ，S2t（図形の構成要素に関する数値など）の表示が付加される。図3.4では，四角形ABCDの頂点をタッチすることで，図形を連続的に動かす操作ができる。

図形概念形成におけるプログラミング活用は，It（図形図）とS1t・S2t（言語・記号）を接近させようとするものである。プログラミング活用で扱える表現様式は，S1t・S2t・Itであり，これらの関係を図3.5に示す。プログラミング内の数値を変えることで，E2t（操作的表現）ともなり得る。また，プログラミング言語内に，算数・数学用語や生活用語といった言語表現と，記号的表現の両方を備えることで，S1tとS2tを同時に使用することができる。このことは，一般の算数・数学学習でも行われている。例えば，中学校程度の証明問題は，数学用語と記号の併記によって解かれる。S1tとS2t間の変

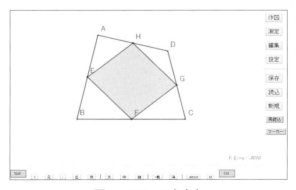

図3.4　GC　四角中点

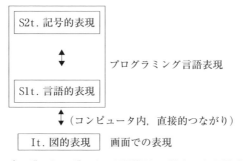

図3.5 プログラミングによる図形概念に関する表現様式の関係

換は，これまでの学習と同じように存在するが，プログラム内での置き換えが可能となる。小学校での変数の導入にあたっては，いきなり文字記号を使用しないで，最初は算数用語などで表現することができる。最大の特徴的利点としては，St（言語・記号的表現）と It（図的表現）が，コンピュータ内で繋がっているため，この2つの関連理解（翻訳）がしやすくなることである。

　コンピュータによる表現体系について考察をしたが，中原の表現体系と別々に存在するものではなく，関連性や重なる部分もあるため，理論面および実際の授業の活動をもとに，今後究明していく必要がある。

（2）van Hiele の幾何学習水準と LOGO プログラミング

　これまで，van Hiele の幾何学習水準と LOGO プログラミングには関係があり，LOGO プログラミングが水準を引き上げるといった研究が幾つか行われている。

　Olson (1987) の研究を紹介し，考察をする。Olson は，日常言語使用・数学学習・LOGO 言語（リストモード）使用・タートル幾何の4者において，それぞれの水準を設定し，van Hiele の学習水準に関係付けている。同値な関係としてではななく，パラレルな関係として示した。すなわち，タートル幾何の水準は，van Hiele の水準には必ずしも一致していないが，構造的に

第3章 「LOGOプログラミング形態の変化」から捉える「図形概念の理解の様相モデル」　87

はよく似ていると言える。Olsonのタートル幾何の水準を次に挙げる。

1水準　プリミティブ命令を独立に使用する。

　・命令の持つ性質には気がつかない。

　　例：まえへ　50

2水準　プリミティブ命令の列によって図形を構成する。

　・命令の持つ性質が分かる。

　・命令の列は，視覚的イメージによって決定される。

　　例：前へ　50　右へ　120　…

3水準　図形を構成するためのプロシージャを作成する。

　・図形の性質を論理的に分析し，計画的にプロシージャを作成する。

　・プロシージャ間の性質の関係に気付く。

　・くりかえし命令が使える。

　・プロシージャの中で別のプロシージャを呼ぶ。

　・パラメータとしての変数を用いる。

4水準　性質によって包括的に関係付けられたプロシージャ群を作成する。

　・プロシージャの妥当性を証明できる。

　・正式な変数を用いる。

　・演繹的推論によって引き出されたプロシージャを作成する。

　・1つのプロシージャを，機能によって分割する。

　・リカージョン（再帰）を使用する。

5水準　幾何を形作る正式なプロシージャを作成する。

　　　　この水準で何が出来るかは明確になっていない。

　・多重リカージョンの使用

　・多重構造の分析

　・他の幾何との比較

　Olsonは以上の5つのタートル幾何の水準と，van Hieleの水準の関係を
図3.6で示した。Olsonの考えは，プログラミングを専門に行う大人も対象

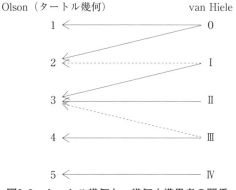

図3.6 タートル幾何と，幾何水準思考の関係

にしている。

　これに対し，杉野（1989）は，小学校段階でのLOGO学習を中心に，3つの段階に分けた。
段階1　1命令ごとに入力する。
　　　　（1語単位のコンピュータとの対話）
段階2　図形を描くプロシージャを作成する。
　　　　（複数命令によって，新たな命令を定義する）
段階3　1プロシージャ内の構造分析，および複数プロシージャ間の構造分析をする。
　　　　（図形の性質や図形間の性質の理解）

　さらに，3つの段階のそれぞれにおいて，帰納的に行っている段階と，意味を理解し演繹的に行っている段階に分けた。LOGOプログラミングでは，意味を理解しないと，上の段階へ進むことはできないとした。また，コンピュータによる帰納的試行は，演繹的推論のきっかけを与え，演繹段階に達すると，画面にたよらずとも，プロシージャの記述ができるとした。このような活動を通して，LOGOプログラミングは，van Hieleの水準を引き上げる

第 3 章 「LOGO プログラミング形態の変化」から捉える「図形概念の理解の様相モデル」　89

表3.1　各幾何レベルの関係

杉野 Logo 言語	Olson タートル幾何	van Hiele 幾何	杉野 学校図形 Logo
〈段階 1 ・帰納〉	1		0
〈段階 1 ・演繹〉	2	0	0 → I
〈段階 2 ・帰納〉	2	I	I
〈段階 2 ・演繹〉	3	I	I → II
〈段階 3 ・帰納〉	3	II	II
〈段階 3 ・演繹〉	4	III	III
〈段階を越えた段階〉	5	IV	IV

ためのツールになる。表3.1は，Olson の水準と，van Hiele の水準と，杉野がユークリッド幾何のために開発した"学校図形 Logo"の水準を，段階ごとに示したものである（杉野，1989）。この当時の分析は小学校段階にとどまり，変数を用いたプロシージャに関する吟味がされていないものである。

　また実践研究として，真田（1988）は，Olson の研究をもとに，小学生にタートル幾何で学習をさせ（ひとり1台），コンピュータを導入していない小学生との比較を通して，第3学年で，長さの概念について，第5学年で角の概念について，それぞれ van Hiele のレベル0からレベル1への引き上げがあったことを示した。Clements（2001）は，van Hiele のレベル1とレベル2において，LOGO プログラミングが効果を挙げた幾つかの研究を紹介している。しかしながら，杉野以外の研究は，タートル幾何そのもので子どもにプログラミングをさせているため，角の理解や，図形の理解の一部分にとどまっている。LOGO プログラミングを活用することで，van Hiele の水準が上がる可能性があるにもかかわらず，タートル幾何そのものでは，適用できる範囲が限られるため，レベル3以上についての検証は未だ行われていない。

第3節 LOGOプログラミング活用による，図形概念に関する新たな吟味

　紙と鉛筆による作図では，さほど問題にならないことが，プログラミングでは問題になる。ノートでは，はみ出さないように自然にかき始める位置を決めたり，はじめの辺を意図する傾きでかいたりできる。プログラミングでは，画面からはみ出さないようにするために，位置やサイズを気にしたり，図形の向きを気にしたりしないと，予想外の結果となることがある。コンピュータ画面上の図形は実在するものであり，「形」・「大きさ」・「位置」・「向き」を決めるための数値が要求される。この意味では，プログラミングによる描画は，Fischbein の Figral Concepts そのものであるといえる。また，イメージが多面的になり，統合的になるという発達を遂げるには，幾つかの図を見たり描いたりする経験が必要である。LOGO プログラミング活用によって，これまでにはなかなか出来なかった，詳細な図形についての吟味が可能になる。

（1）回転による角の構成と，傾いた図形の描画

　タートルの属性として，「向き」があり，「言語で命令できる」。そのため，「回転」の大きさを数値入力することによって，タートルの向きを変えられる。第1章で挙げたように，タートル幾何による実践研究でも，角度概念理解に対する有意差が認められてきた。森（1991）は，空間の量化から，図形へと進むことについて，「ものの長さから空間の距離へ，開き具合を表す量，角などの指導が重要になる」としている。現在の学習指導要領では，第3学年で，図形としての角を学習し，第4学年で量としての角の大きさについて，回転量として学習する。これは，森の主張と逆の順序である。増田（2008）は，角についての，児童・生徒の調査をもとに，「角に関する学習上の困難

の原因の中でも，回転の大きさとして角の大きさを捉える学習が長期的に展開されるように配列されていないことである」としている（増田，2008, pp. 15-16, p. 21）。

　運動である回転が，図形概念の認識に与える影響は無視できない。図形の認識では，概念が視覚的イメージによっても捉えられ個人内に保持される。川嵜は，図形感覚の意味についての研究（川嵜，2001）および図形感覚の認識に関する教授学的研究（川嵜，2003）において，学生が，図形やタングラムの問題で概念イメージを回転させて図形を見ることの困難性によって問題が解けない例をいくつか示し，心的回転の脆弱さに言及した。

　Piaget（1966）は，棒を90°回転した結果を描く課題では，繰り返し練習するにつれて，5〜6歳児では，顕著に成績が上がり，8〜10歳児では緩やかに成績が上がり，成人では変化がないことを示している。また，棒が90°回転する途中の図を描く課題から，棒の回転は，7歳にならないと，正しい心像がつくれないと結論付けた。図形の回転イメージの形成は，さらに難しい。小学校例低学年から，体を使ったり，身の回りのものや教具を操作したりすることで，回転についての学習を開始し，その上で，図形の回転へと移行させることが望ましい。LOGOプログラミングによるタートルの回転は，有力な方法となる。

　開き具合を表す量（角度）から図形としての角へ進む例として，学校図形Logoで角を描画する課題を図3.7に示す。2つの辺と，タートルの回転によって，角が描かれる。

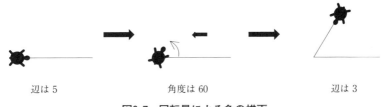

図3.7　回転量による角の描画

杉野（2002）は，娘が4年生の夏，角度について未習の時に，LOGOプログラミングによっていろいろな角を描く課題に取り組ませた。2種類の命令を使って，娘は，画面いっぱいに，図3.8にある角を描いた。「角度は　○」の命令では，どこをタートルが回転したかが分るように，小さな弧を描くようにしておいた。命令はひらがなで，角度の数値は数字で，どちらもキーボード入力させた。角をひとつ描いては，タートルをそのままの向きで好きな場所へドラッグで移動させたため，いろいろな向きの角が描けた。そのうち，一直線の角や，180°よりも大きい角にも挑戦しはじめた。また，印象的だったのは，左上に，180°より大きい角を描こうとして画面からはみ出しそうになった時，「ママ，角の2つの辺は同じ長さでなくてもいい？」と，質問をした。「いいんだよ。角を作る辺の長さは，どんな長さでもいい。」と答えた。

　これまでも，扇のような教具などを使って，開き具合について操作活動をする課題が教科書にはある。しかし，角度を表す数値については，その後で分度器によって初めて学習する。その直後に分度器と定規を用いて角の作図をするが，分度器の扱いが難しく，正確に幾つも作図することは出来ない。図3.8にあるように，辺の長さも含めた様々な数値で角を構成することで，

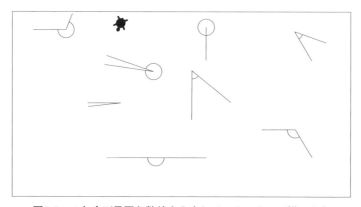

図3.8　4年生が言語と数値を入力して，タートルで描いた角

量としての回転角度と，図形としての角について同時に学習ができ，多面的なイメージ形成をしたり，図形感覚を養ったりすることが可能になる。

また，LOGOでは，図形を描き始めるタートルの向きを回転の数値入力によって変えておくことで，回転した図形すなわち傾いた図形を，容易に描画することができる。図形の概念イメージは，最初は安定した向きや見慣れた向きで，典型となって固定される危険性がある。このことは，傾いた図形や見慣れない辺の比をもった形に対しての，認知を阻害する。図3.9は，同じひし形を，最初のタートルの向きを，数値入力による回転によって，10°ずつ回転させた図である。ひし形のプロシージャを作成すれば，後は，かき始めのタートルを回転させておくだけですむ。いろいろな角度に傾いたひし形を見ることができるという多数の経験が，心的回転への補助となり，概念イメージを多面的にする。

さらに，回転の概念が発達していれば，点対称図形の理解は容易になる。180°の心的回転ができるかどうかが重要である。また，回転の中心は図形内にあるため，低学年で180°回転を体の感覚で身に着けておくことは意義がある。LOGOでは，2回の繰り返し命令を使って閉じた図形が描ける場合，点対称図形となる。図3.10は，ひし形が点対称図形であることを示すものである。また，この場合の対称の軸はひし形を縦に切る直線であるが，横に切る直線でプロシージャを作成することで，ひし形の対象の軸は2つあることに気付く。さらに，正方形には4つの対称の軸があること，正六角形には6つの対称の軸があることなど，プログラミングの描画によって，発見的・発展的な学習が可能となる。

図3.9　ひし形の回転　と　ひし形を使った文字盤の描画

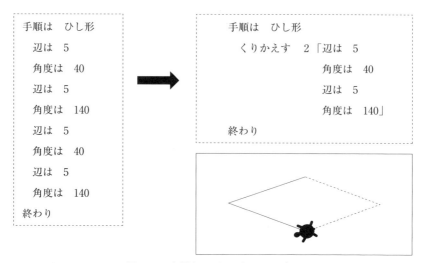

図3.10　点対象図形のプロシージャ

（2）位置と図形の移動

　LOGOでは，画面上に座標で位置を指定したり，向きと距離を指定してタートルを移動させたりすることで，正確な位置に移動した図形を容易に描くことができる。低学年では，同じ図形を異なった位置に描いても，同じであるという認識をさせることができる。高学年では，図形の移動をプログラミングによる描画で行わせる。図3.11は，正方形のプロシージャを使って，タートルを移動する命令（前進と回転）を組み合わせて，正方形を移動させた例である。座標を指定して移動させることもできる（例えば，"位置は「5 2」"と命令すると，タートルは，x座標が5，y座標が2の位置へ移動する）。

　また，正方形のプロシージャを使って正方形の敷き詰めをすることもできる。正方形を縦に辺の長さだけ移動させて，位置を変えて描いていくことで「はしご」を描き，さらに，「はしご」を横に移動して方眼を描くことが容易にできる（図3.12）。このような，正確で多くの移動した図形の描画は，コンピュータならでは可能なことである。

第3章 「LOGO プログラミング形態の変化」から捉える「図形概念の理解の様相モデル」　95

```
手順は　正方形
　ペンをおろす
　くりかえす　4「辺は　5　右へ　90」
終わり

正方形
ペンをあげる　前へ　10
正方形
ペンをあげる　前へ　10　右へ　90　前へ　150
正方形
```

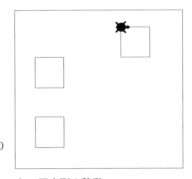

図3.11　正方形のプロシージャ　と　正方形の移動

```
手順は　正方形
　くりかえす　4「前へ　20　右へ　90」
終わり

手順は　はしご
　くりかえす　20「正方形　前へ　20」
終わり
```

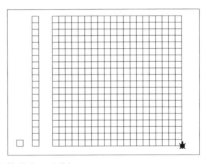

図3.12　正方形を移動させた例

（3）図形概念と変数を用いたプログラミング

　図形学習で混乱を起こす原因として，Pimm (1995, p.58) は「数学では，特定の三角形の図が全ての三角形の代表として使われる。（中略）しかしながら，最も大きな違いは，代数では文字は特定の数を表さないが，かかれた三角形は特定の三角形であるにもかかわらず，全ての三角形の代表として使われることである」と述べている。図3.13のように三角形が描かれていると，図と「三角形」という名称が結びついていれば，一目で三角形と認知することができる。図のよさである。あらゆる三角形を思い浮かべたり描いたりすることは出来ないが，三角形以外の図形，例えば四角形を見たとき，それが

図3.13

三角形ではないと区別できる。しかしながら，三角形の持つ図はこれだけではないことを理解し，どんな三角形の図を見てもそれを三角形と認知できるとはかぎらない。また，さまざまな三角形の形を再生できるとは限らない。

　したがって，図形学習で注意しなければならないことは，教科書などにかかれた図が，典型としてイメージを固定する危険性があるということである。ひとつの図形にも，いろいろな「形」・「大きさ」・「位置」・「向き」があり，それを認めることのできる「多面的イメージ」や「統合的イメージ」を形成することが必要である。紙と鉛筆による作図経験は重要であるが，「知覚直観」を刺激し，「多面的イメージ」や「統合的イメージ」を形成するためには，児童の作図技能の正確さと回数では，十分ではない。コンピュータによる作図は，これを補うものとなる。三角形として多数存在するさまざまな図を全てひとつの概念として認める「統合的イメージ」の形成によって，三角形についての Figural Concepts としての，動的なイメージを形成するためには，コンピュータ画面での動的環境による作図に加えて，プログラミング活動がより強力なものとなる。

　本研究の独自性として，Pimm の指摘に対して，変数を用いたプログラミングによって解決ができることを提案する。プログラミングでは，画面の図とともに，プログラミング言語が存在し，それらはコンピュータの中で繋がっている（プログラミングは，代数的言語と，幾何的図形を繋ぐともいえる）。先の Pimm の指摘に対して，プログラミングでは，言語の一部として，代数的「文字変数」が扱え，その変数に数値を代入することで，様々な図を画面上に表現させることが可能となる。このような活動を通して，図形を動的なも

第3章 「LOGOプログラミング形態の変化」から捉える「図形概念の理解の様相モデル」　97

> プロシージャ中の「文字変数」は，図形の「形」・「大きさ」・「位置」・「向き」を決める数値の代表として使用できると同時に，その実在性は画面上の図として表現される。

> 変数を用いたプロシージャは，具体的数値で表されるさまざまな「形」・「大きさ」・「位置」・「向き」の図を束ねて，ひとつの概念として言語表現したものとなる。

図3.14

のとして捉えることで，統合的イメージの形成が期待できる。また，変数を用いたプロシージャによる言語記述は，図形の概念を言語的に表現した，概念（概念定義）といえる。その相互関係を図3.14で表す。この関係から，変数を用いたプロシージャの作成が，図形概念形成に果たす役割は大きいといえる。

　プログラミングによって，図形を画面に表示するためには，図形の形を決める数値だけでなく，位置や向きを決める数値が必要になる。これらの数値を変数とすることで，「形」・「大きさ」・「位置」・「向き」が束ねられ，動的なイメージを形成するきっかけとなり，統合的な概念イメージとして理解される。この場合の図形に関する変数を，「図形内の変数」と「図形外の変数」という視点で分けて考察する。

〈図形内の変数〉

　図形内では，図形の構成要素の大きさを変数にして，図形の「大きさ」や「形」を変えることができる。「大きさ」だけを変える場合は，拡大・縮小となる。正多角形では，辺の長さを変数にすれば，相似な図形が描ける（図3.15）。拡大・縮小をする本来のプログラムは，対応する辺の長さの倍率を

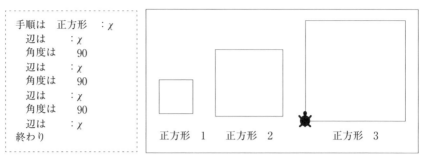

図3.15 相似な正方形を描く変数プロシージャと，出力された正方形

変数にすることによって実現される。

　図形の「形」を変える変形は，図形内の構成要素のうち，どれを変数にするかによって決まる。平行四辺形をかくプロシージャは，2辺と1角の3変数をもつ。ひし形をかくプロシージャは，1辺と1角の2変数をもつ。長方形のプロシージャは，2辺の2変数をもつ。これらのプロシージャの変数に数値を入力して，同じ図形のいろいろな形を描く経験によって，動的イメージが形成される。同時に，いろいろな形がひとつの変数を用いたプロシージャで束ねられ，統合的イメージ①[1]が形成される。また，2つ以上のプロシージャを比較したり，変数に数値を入れた図をみたりする過程で，プロシージャ間の関係に気付き，2つの図形に関する統合的イメージ②[1]が形成される。川嵜の様相モデルでは，様相Ⅳと様相Ⅴともに，「統合的イメージ」とされていた。本研究では対象とする図形が1つか複数かによって，統合的イメージ①と統合的イメージ②に分類する。

〈図形外の変数〉

　図形外の変数は，図形の形は変えない。しかし，図形の向きを変える変数（回転移動）と，位置を決める変数（平行移動）がある。図3.16は，正方形をかくプロシージャと，正方形の図形外に変数をおいて向きを変えて描いたプ

第3章 「LOGOプログラミング形態の変化」から捉える「図形概念の理解の様相モデル」　99

図3.16　正方形と図形外の変数

ロシージャである。「もよう」では変数χに，10を入れて，回転した正方形を重ねている。重ねないで，任意の角度で傾いた正方形をひとつだけかくプロシージャを作成することもできる。心的回転の実験では，回転の角度が大きいほど認知に時間がかかることが実証されている。様々な向きの図形を見る経験により，多面的イメージは形成され，向きや回転角度を変数にしたプロシージャを作成することで，統合的イメージ①へ移行させる。

また，図形外の，かき始めの位置を座標（2変数）や，方向と移動距離（ベクトル的2変数）によって指定することは，図形の平行移動に関する多面的イメージや統合的イメージ形成に関わる。図3.11や図3.12のプロシージャ内の，移動する距離を変数にすることが例として挙げられる。

第4節　LOGOプログラミング形態の変化

本研究では，現行の学習指導要領で行われる通常の授業でプログラミングを活用する。そのため，序章の図0.2で示した，ユークリッド幾何に対応できる擬似プリミティブ命令を使用する。中心となる命令は，「辺は　○」と「角度は　○」である。本節では，プログラミングの発達変化を形態1〜形態Vに分類し，それぞれの形態での図形概念形成について述べる。併せて，

長方形に関するプログラミングを例にして，実際のプログラムと学習活動を示す。各形態とも，左にプログラミング内容，右に画面の図を示す。また，最後の〔　〕内に，川嵜の様相モデルのどの段階に対応するのかを示す。なお，本研究においては，たった1語でも，言語で入力した場合はプログラミングとする。

（1）プログラミング形態Ⅰ：1命令入力

小学校1年では，身の回りのものから長方形（しかく）の形を認知するため，本研究では図形学習として，プログラミングは敢えて活用しない。量として，長さの概念や角度の概念を養うためには，むしろタートル幾何でのシューティングゲームや自由描画の方が適している。

2年から，「長方形と正方形」の単元で，「用語」・「定義」・「性質」を合わせて学習する。2章の表2.1にあるように，教科書会社によって，載せている長方形の図はまちまちであり，典型に固定されないような工夫があるものと，そうでないものがあった。いずれにしても，教科書で示される図は限りがある。そこで，「長方形」と1命令入力すると，画面にあらかじめ教師側で準備した長方形の形が表示されるようにコンテンツを作成しておくことを提案する（図3.17）。

教科書では，用語と形が同時に掲載してある。また，1年で形を抽象していることから，先に形がイメージされたり，教師によって長方形の図形が提示された後，「長方形」という用語が教えられたりする。これらとの違いは，

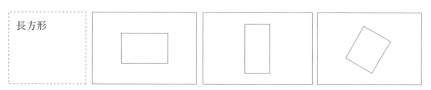

図3.17　1命令「長方形」による入力と画面の図

第3章 「LOGOプログラミング形態の変化」から捉える「図形概念の理解の様相モデル」　101

プログラミングでは，先に「長方形」と入力することにより，言語が先で，その形が後から画面に出ることである。子どもが言語から長方形をイメージできるようになっていても，自分が予想したとおりの形や位置や向きでないものが表示される意外性がある。画面を見て，本当に長方形かと振り返ることが必要である。この活動は，ジオボードにゴムを引っ掛けたり，紙に描かれた格子点を結んだりすることに類似する。実物を使ったり，線を結んだりする技能は物理的・時間的制約がある。また，「長方形」という用語と形との翻訳は子どものイメージの中で行われる。形態Ⅰでのプログラミングの利点は，用語と結びついた長方形のイメージを形成することであり，ジオボードなどの活動と併用することが望ましい。

〔イメージ：様相モデルⅡ，言語：様相モデルⅡ〕

（2）プログラミング形態Ⅱ：1命令ごとの複数命令入力

　長方形の属性である，辺と角について，「辺は　○」，「角度は　○」という命令で，辺の長さや角の大きさを数値で決め，1命令ごとに複数の命令を入力して，画面上に長方形が完成できるようにプログラミングをする（図3.18）。小学校2年では，角度について未習のため，「直角にまがる」という命令を用意する。学年が上がり，平行四辺形，ひし形，正多角形を描画する時は，「角度は　○」で命令する。向きをもつ動的なタートルによって，長方形の軌跡を帰納的に描く。長方形の向かい合う辺の性質について理解をする段階で，このような帰納的な描画をすることは，性質の発見をすることにつながる。

　図3.18の右のように誤ってしまった場合，図と言語を見比べて，3つめの辺の長さが誤っていることに気付くことができる。このように，言語と図から，また，タートルに描かせているということから，メタ認知が働きやすい。バグの修正をすることで，プログラミングには，言語とイメージの不整合を小さくする効果がある。向かいあう辺の長さについて理解した段階では，こ

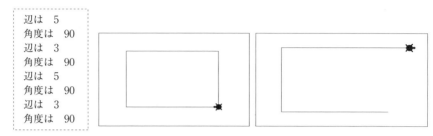

図3.18 複数命令による入力と画面の図

のプログラミングは，性質の確認や定着のための活動となる。児童によって個人差があり，同じ長方形を描くプログラミングでも，ある児童にとっては発見のためであり，ある児童にとっては確認や，発展のためとなる。授業では，児童に自由な辺の長さでいろいろな形の長方形をプログラミングで描画させたり，さらにお互いに見合ったりすることで，多面的なイメージ形成のきっかけが得られる。
〔イメージ：様相モデルⅡ→Ⅲ，言語：様相モデルⅢ→Ⅳ〕

（3）プログラミング形態Ⅲ：プロシージャ作成

　長方形の性質理解をもとに，プロシージャを作成する。プログラミング形態Ⅱでの一連の命令の最初に「手順は」，最後に「終わり」とつければよい。このようにプロシージャの一般形は，「手順は」と「終わり」で挟まれている。ただし，再帰（リカージョン）プロシージャは，この形態をとらない。いったんプロシージャを作成すると，プログラミング形態Ⅱのように，全ての辺と角に関する命令を入力する必要はない。「長方形」と入力するだけで，図3.19のような図を，タートルが描く。これは，コンピュータに新しい言葉「長方形」を教えたことを意味する。一連の手続きで表現されたものを，「長方形」という一言で表していくことは，「長方形」というシェマを形成し，長方形の性質の理解が確実になったことを示す。この段階では，定義と性質の区別は，まだはっきりとはしていない。

第3章 「LOGO プログラミング形態の変化」から捉える「図形概念の理解の様相モデル」　103

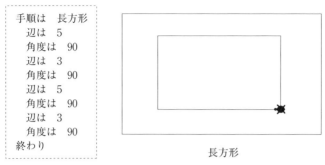

図3.19　「長方形」のプロシージャと「長方形」1命令で描かれる図

　さまざまな形の長方形のプロシージャを作成するためには，コンピュータが区別できるように，異なった名称をつける必要がある（例えば，「5と3の長方形」，「横長の長方形」など）。この名称の付け方は，子どの学年や実態に合わせることができる。さまざまな形の長方形のプロシージャを作成することで，多様なイメージを形成することができる。さらに，プロシージャの中で別のプロシージャが使える。このことは，図形の合成・分解の活動となる。具体例は，第4章で挙げる。
〔イメージ：様相モデルⅡ→Ⅲ，言語：様相モデルⅣ〕

（4）プログラミング形態Ⅳ：変数を用いたプロシージャ作成
　変数を用いたプロシージャでは，変数名は，図3.20のように，「：a」，「：b」などの文字記号でも，「：○」，「：□」でも，実際の言葉「：横」，「：縦」でもよい。児童の学年や実態に合わせることができる。変数名は，プロシージャ名に続けて記述し，プロシージャの中も，同じ形の変数にする。変数の前には「：」をつけなければならない（児童の気にならないよう，開発コンテンツでは目立たない半角にした）。ここで大切なことは，長方形の形を保つにはどれを変数にし，どれは変数にしたらいけないかを，児童に決めさせることである。長方形では，角度が90であることは変えてはいけないため，

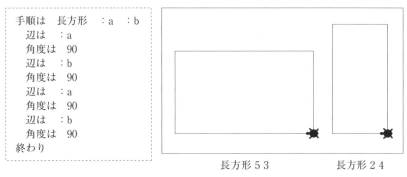

図3.20 変数を用いた「長方形」のプロシージャと，命令で描ける図

変数にすることができない。このことは，長方形の定義が，4つの直角をもっているということへの気付きを促す。

　命令するときには，図3.20のように，「長方形　5　3」と，長方形に続けて，変数に数値を代入すると，指定した数値の辺の長さの長方形が描かれる。この活動は，変数のもつ意味や，1対1対応について，コンピュータというブラックボックスによって実感できる活動であり，変数概念の形成に対しても有用である。また，高学年では，代入する数値は，小数でもよいことを発見する児童もいるであろう。変数を用いたプロシージャは，さまざまな形の長方形を，ひとつにまとめたものである。このことで，「統合的イメージ①」を形成する。

　変数を用いたプロシージャに，いろいろな数値を代入して図形を描く活動を通して，図形の包摂関係に気付くことができる。Skempは，「各概念はその他の概念から導出され，また，諸概念の形成に寄与する。それは，ある序列をなす。しかし，各レベルにおいて，異なる概念の序列にいたるような別のクラスわけが可能である」としている（Skemp, 1971, p. 26）。中学校数学で，生徒の理解に困難を伴う課題として，四角形の包摂関係がある。松尾（2000）は，図形に関する概念の関係について理解の状況を捉える枠組みを設定し，テストによって生徒の理解の状態を特定した。しかし，概念形成が

第3章 「LOGO プログラミング形態の変化」から捉える「図形概念の理解の様相モデル」　105

促進されることを考慮した授業実践は今後の課題としている（松尾，2000，p. 270）。また，小関ら（1984）の調査によると，中学校で包摂関係の理解学習を始める中学1年の生徒の60％は，いくつか描かれた図から，例えば平行四辺形を選ぶ課題で，部分的にしか成功できないというピアジェの段階Iに留まっており，包摂関係の指導をしても効果が上がらない原因としている。さらに，岡崎ら（2010）は，図形の包摂関係の学習と指導のあり方については未知な部分が数多く残されたままとし，「論証」への移行前期と位置づけ，「図形の包含関係の学習を通して子どもは，図形を図から『性質の集合体』として認識しなおし，さらに作図と移動の学習を通して図形を『性質の集合体』から『性質の序列的関係』に認識しなおし，その上で論証への道がつけられる」としている（岡崎ら，2010，p. 1）。具体的には，透明なシートに線を描いた操作シートを使って実践をしている。しかし，「操作の言語化」においては，認知的に複雑な様相を呈していることを示唆しているに留まっている。

　Skemp は，変数の考えについて，「集合の考えと変数のそれとは，数学における最も基本的なものの2つである」と述べている（Skemp, 1971, p. 212-214）。ある概念に属する外延が無数にある場合，それを代表するものとして，変数を使うことができる。集合の内包的表記法では，$\{\chi \mid$ _____ $\}$ と表現され，破線の部分に，その性質について，数学概念を対象にする場合は，記号的表現が用いられる。また，Diens は，「数学的多様性の原理」として，「変数を含む概念は，できるだけ多くの，変数を含む経験によってまなばなければなりません」と述べている（Diens, 1977, p. 56）。これまで，4種の四角形について，包摂関係が理解できるための経験を，子ども達はしてきたのであろうか。また，そこに，変数概念との結びつきを考慮にいれた学習が行われてきたのであろうか。

　包摂関係で取り上げられる4種の四角形を，正しい概念として捉えるために，変数を用いたプログラミングによる学習活動を提案する。正方形，長方

形，ひし形，平行四辺形は，LOGO プログラミングでは，全ての辺と角の大きさを命令で入力して描くことができる。それぞれの変数を用いたプロシージャが表3.2である。

正方形は辺の大きさとしての1変数をもち，長方形は2変数をもつ。ひし形は，1辺と1角の2変数をもち，平行四辺形は2辺と1角の3変数をもつ。学習者自身にどれを変数にするかを決定させることで，辺や角の相等性や平行性が図形の定義に関わっていることに気付くきっかけを与える。ひし形と平行四辺形では，2つめの角度は180−：cとなり，隣り合う角度が180°であることが，平行の十分条件であることに，小学校高学年から中学で平行線の角の性質について学習する時期の子どもは気付くであろう。

ア〜エのプロシージャは，記述された内容を比較するだけではく，実際に変数に数値を入れて，どの数値のときに，どのような形になるのかを，画面で見る活動が意味をもつ。正方形では，相似な正方形が描ける。長方形では，縦長や横長などいろいろ描ける。ひし形は，一気に2変数を動かさないで，どちらかを定数的に（一定のある数値にきめておき），もう一方の変数にいろいろな数値を代入して，形や大きさの変化を見る。：cを固定しておけば，相

表3.2　4種の四角形の，変数を用いたプロシージャ

ア
```
手順は　正方形　：a
 辺は　：a　角度は　90
 辺は　：a　角度は　90
 辺は　：a　角度は　90
 辺は　：a　角度は　90
終わり
```

イ
```
手順は　長方形　：a　：b
 辺は　：a　角度は　90
 辺は　：b　角度は　90
 辺は　：a　角度は　90
 辺は　：b　角度は　90
終わり
```

ウ
```
手順は　ひし形　：a　：c
 辺は　：a　角度は　c
 辺は　：a　角度は　180−　：c
 辺は　：a　角度は　c
 辺は　：a　角度は　180−　：c
終わり
```

エ
```
手順は　平行四辺形　：a　：b　：c
 辺は　：a　角度は　c
 辺は　：b　角度は　180−　：c
 辺は　：a　角度は　c
 辺は　：b　角度は　180−　：c
終わり
```

第3章 「LOGO プログラミング形態の変化」から捉える「図形概念の理解の様相モデル」 107

似なひし形が描ける。：ａを固定すれば，ひし形の形は相似ではなく変形される。平行四辺形も同様に，角度を固定したり，辺の長さを固定したりすることで，辺と角度が形にどう影響を及ぼすのかを画面で見ることができる。

包摂関係の理解で大事なことは，どこが同じでどこが違うかについて吟味することである。これまで，描かれた図や，透明シートでの操作や（言語に必ずしも繋がらない），図形の定義や性質を文や記号で表したものから，包摂関係の理解を図る実践がされてきた。

プログラミングでは，言語と図の両面からの理解が可能となる。正方形と長方形の包摂関係について調べる場合，まず，それぞれの変数を用いたプロシージャであるアとイを比較する。表3.3にあるように，長方形のプロシージャに目を向けて，正方形のプロシージャと比較すると，同じ部分（網掛け）が多いが，異なるのは，辺の長さの変数：ｂの部分である。そこで，長方形のプロシージャについて，正方形のプロシージャと共通である，変数：ａだけは適当な数値に固定する。すなわち，変数を：ｂだけとしてその形を画面で観察する。図3.21は，：ａ（一つ目の辺の長さである横）を３に固定して，：ｂにいろいろな数値を代入した画面である。画面では，左から順にｂの値を少しずつ増やしている。小数入力もできる。段々と長方形が縦に伸びる。この時，左から４つめの「長方形 ３」が正方形の形をしていることに気付く。「長方形を描くためのプロシージャで正方形が描けた」という事実は，長方形の概念に，正方形の概念が含まれるということの納得となる。

逆に，正方形のプロシージャでは，どうがんばってみても，一般の長方形

表3.3 正方形と長方形のプロシージャの共通点と相違点

ア
```
手順は  正方形  :a
  辺は   :a  角度は  90
  辺は   :a  角度は  90
  辺は   :a  角度は  90
  辺は   :a  角度は  90
終わり
```

イ
```
手順は  長方形  :a  :b
  辺は   :a  角度は  90
  辺は   :b  角度は  90
  辺は   :a  角度は  90
  辺は   :b  角度は  90
終わり
```

は描けない。さらに，画面の観察だけにとどまらず，再度，表3.3の言語を見直すことも必要である。イメージとしての画面の形に頼らずとも，長方形の：aと：bが同じになった時が，特殊な場合であり，正方形であるということを言語的に理解することが必要である。この場合，画面から個人へのイメージの内化が起きれば，言語が意味をもち包摂関係（概念間のヒエラルキー的関係）が理解できる。図3.21の長方形と正方形以外にも，他の四角形同士（残り5通り）についても確かめ，例えば，ひし形のプロシージャでは，正方形は描けても，長方形は描けないという事実から，ひし形と長方形は，上・下のヒエラルキーのある概念同士ではないことが理解できる。

　Fay(1984)は，「Logoプログラミングによるタートル図形は，学生に視覚的直観を持たせたり，幾何学の定理を積極的に予想させるような場合に，非常に大きな可能性を秘めた，はるかに融通のきく描画の道具を提供してくれる」としている。またLOGOによる探求は，図形の動的な取り扱いで得られる直感から，主要定理の予想へと導いてくれる。「適切な問題を与え，Logoのタートルで自由に探索させれば，学生は必ず平行四辺形の主要な性

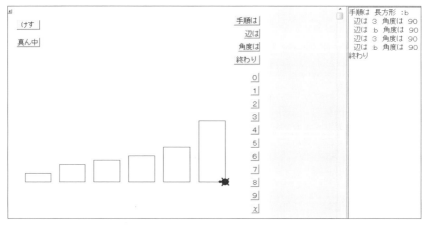

図3.21　長方形　1，長方形　2，長方形　2.5，長方形　3，長方形　4，長方形　7

質を予想するまでになるであろう」と述べている。そして，平行四辺形を描くプロシージャの言語を見て，性質などに気がつくであろうことを予測している（Fay, 1984, p.60-62）。本研究で開発した，ユークリッド幾何に対応できる擬似プリミティブを使うことによって，小学校6年〜中学校2年の子どもでも，四角形の包摂関係について，これまでよりも理解が深まるであろう。このことは，授業実践で検証する価値がある。

　杉野は，1989年に愛知県岡崎附属中学のクラブ活動（人数数名），および，2001年に，中学生の息子に，正方形，長方形，ひし形，平行四辺形の変数を用いたプロシージャを作成させた。さらに，それぞれの関係を理解した彼らに，リカージョン（再帰）を用いたプログラミングを教えたところ，それぞれの四角形が動画的に変形していくシミュレーションを作成することが出来た（図3.22）。「緑の平行四辺形の角度を10°ずつ変え，長方形になったときに青になる」→「青の長方形の辺の長さを10ずつ変え，正方形になったときに赤になる」→「正方形の1つの角を10°ずつ減らしたひし形を黄色で描く」→「緑の平行四辺形の1辺の長さを10ずつ小さくしていったら，黄色のひし形になる」。この4つの手順の並べ方は，もっと適切なものがあるかもしれないが，

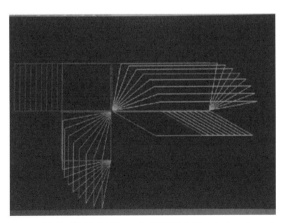

図3.22　四角形が動的変形し，包摂関係を表すシミュレーション

```
手順は　ひし形の変形　　：c
色は　"黄色"
もし　：c ＝ 90「色は　"赤"　ひし形の変形　90　止まる」
辺は　5　角度は　　：c
辺は　5　角度は　180　－　：c
辺は　5　角度は　　：c
辺は　5　角度は　180　－　：c
ひし形の変形　：c　＋　10
終わり
```

図3.23　リカージョン（再帰）による　ひし形の変形プロシージャ（＿＿＿部）
〔イメージ：様相モデルⅣ，言語：様相モデルⅣ→Ⅴ〕

自分の納得したものでシミュレーションを作成した。

図3.22は，4つのリカージョン（再帰）プロシージャによって作成されている。中学生では，簡単なリカージョン（再帰）のプロシージャを作成し，その中で条件文を使用することは可能であった。図3.23は，ひし形部分のプロシージャである。

（5）プログラミング形態Ⅴ：変数を用いた複数のプロシージャどうしの関係理解

変数を用いた複数の図形のプロシージャを比較して，その違いについて分

表3.4　プロシージャの書き換え（図形内の変数）

```
手順は　長方形　：a　：b          手順は　正方形　：a
辺は　：a                         辺は　：a
角度は　90                        角度は　90
辺は　：b                         辺は　：a
角度は　90           ⇒            角度は　90
辺は　：a                         辺は　：a
角度は　90                        角度は　90
辺は　：b                         辺は　：a
角度は　90                        角度は　90
終わり                            終わり
```

第3章 「LOGOプログラミング形態の変化」から捉える「図形概念の理解の様相モデル」　111

析的に理解できる状態にある。このことにより，長方形の変数を用いたプロシージャの一部を変えて正方形のプロシージャに書き換えるといったように，別の図形のプロシージャが容易に作成できる（表3.4）。

　また，正三角形の変数を用いたプロシージャを合成して，正六角形のプロシージャへ書き換えることもできる（図形外変数）（図3.24）。2つ以上の図形に関して，変数を用いたプロシージャを用いて，図形の合成を行ったり，画面を敷きつめたりすることが可能となる（図形内・図形外変数）。このような活動によって「統合的イメージ②」を形成する。

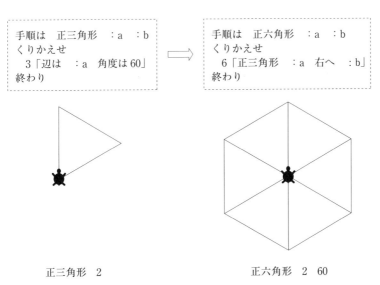

図3.24　構造化による図形の合成（図形外変数）
〔言語：様相モデルⅤ，イメージ：様相モデルⅤ〕

第5節 「図形概念の理解の様相モデル」と「LOGO プログラミング形態の変化」

　川嵜の図形概念の様相モデルでは，ICT 活用は考えられていない。プログラミングによる接近から，図形の「形」，「大きさ」，「位置」，「向き」といった図形に関わる数値を図形内と図形外に分けることができる。また，これらの数値をいろいろに変化させることで，図形の多面的イメージを形成することができる。さらに，いろいろな数値をひとつの変数でまとめることによって，統合的イメージを形成することができる。この時点で，プロシージャは，ひとつの図形に属する外延をまとめたひとつの概念表記となる。このような，数値の存在やプロシージャでの変数の有無，および，それらが図形内（構成要素）か図形外にあるのかを考慮に入れることで，川嵜の「図形概念の理解の様相モデル」では曖昧であった部分について精緻化をすることができる。川嵜のモデルでは，レベルⅣとレベルⅤにおけるイメージは，どちらも「統合的」としてあるが，本研究において，プロシージャに現れる言語に注視することによって，対象とする図形が1つだけの場合は「統合的イメージ①」，複数の場合には「統合的イメージ②」と区別する。統合的イメージ②によって，図形の命題の理解や包摂関係の理解が可能となる。川嵜の「図形概念の理解の様相モデル」を，「LOGO プログラミング形態の変化」によって精緻化した両者の関係について，図3.25で表す。

　川嵜の様相モデルでは，イメージが先に発達し，言語が後から追いつくと主張されている。Pimm (1995) はタートルグラフィックのプログラミングによる描画は，子どもにダイナミックな幾何的イメージを持たせ，次いでプログラミング言語表現が起きることについて言及している (Pimm, 1995, p. 48)。また，これらのイメージの内在化について，模倣動作の場合は内在化はゼロであるが，心像（イメージ）を伴うことはある。一方，描画の場合には，内

第3章 「LOGOプログラミング形態の変化」から捉える「図形概念の理解の様相モデル」　113

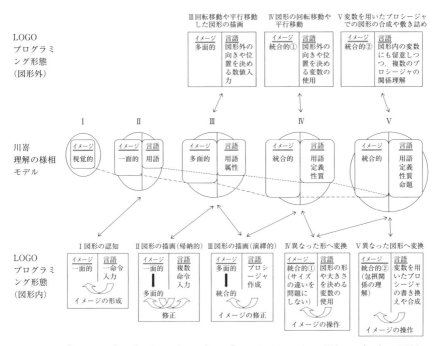

図3.25　「LOGOプログラミング形態」と「図形概念の理解の様相モデル」の関係

在化は必然的に生じる。なぜなら，描画とは，はじめは内在化された心像を，再び外在化させることである。なおかつ，プログラミングでは，言語と画面の図が対応することにより，言語とイメージの不整合を小さくすることができる。また，プログラミングでは，帰納的に描画をしている場合と，性質などを理解した上で確認として行っている場合があるため，プログラミング形態は川嵜の様相の2つに対応する場合がある。図3.25の双方向矢印は，図形学習でプログラミングを活用することによって，プログラミング形態の発達と図形概念理解（の様相）がお互いに刺激しあって発達していくものであることを示す（相等関係を示すものではない）。

これまでの図形学習において，図やイメージといった，形象を伴うものと，

定義や性質といった，言語・記号で表現されるものを，学習者は同時にとらえ理解することの困難性があった。そもそも，概念形成のためには，イメージが先か言語が先かという問題もあり，また，教授場面では，どちらを先に提示したり，強調したり，または子どもに表現させたりするとよいかという詳細なことについての研究は途上にある。この点に関して，プログラミングを活用することで，「プログラミング言語」という代数的なものと，「画面の図」という幾何的なものを同時に扱うことができるというよさがある。両者の翻訳が子どもの思考の中のイメージに任されてきたための学習の困難や，両者の不整合による図形概念理解の曖昧さに対して，寄与できる。

第6節　第3章のまとめ

本章では，第2章に挙げた図形概念の特徴と，授業での概念の発達についてその様相を解明したものとして，第1節において，川嵜の「図形概念の理解の様相モデル」について吟味をした。しかし，川嵜の様相モデルでは，コンピュータ活用やプログラミング活用は想定されておらず，従来のスタイルの授業環境下のものである。本章の目的は，LOGOプログラミング活用によって，川嵜の様相モデルにどのように影響を与えられるかについて理論的考察をするとともに，川嵜のモデルでは明確になっていない部分に対して，プログラミング活用による接近から精緻化をすることにあった。

第2節では，図形概念の2面性とLOGOプログラミングの親和に関して，数学の表現体系と，van Hieleの幾何学習水準の引き上げが起きることを明らかにした先行研究を見た。プログラミングには，言語・記号的表現と画面の図という2面があり，図形概念の2面に影響を与える。入力数値を変えることで，操作的表現も可能となる。また，タートル幾何そのものでは，van Hieleの水準の引き上げは，現行のユークリッド幾何カリキュラムにおいてはⅡ水準までが限界であることが分かった。

第3章 「LOGOプログラミング形態の変化」から捉える「図形概念の理解の様相モデル」　115

　そこで，第3節では，ユークリッド幾何にも対応できる，杉野が開発した擬似プリミティブを使ったプログラミングを活用することで，図形概念に関する新たな吟味をした。タートルの属性である「回転」によって，量である「角度」と図形である「角」についての理解が促されることを，実際に子どもにLOGOプログラミングでの描画をさせた事例から示した。また，図形の回転概念や点対象図形について，数値や言語および画面の図から理解ができる課題を提案した。位置と図形の移動も，数値的に行え，正確に数多くの描画が可能であることから，経験を通した概念理解に有効であることを提案した。本研究の理論的な独自性として，プログラミングでは変数を扱うことができることに着目した。Pimmが指摘した，「ひとつの三角形の図が代数の文字変数のように，全ての三角形を代表することができない」という問題点に対し，プログラミングが解決策になることを主張した。プログラミングでは，文字変数が使え，変数に色々な数値を入れた概念の外延は画面で見ることができる。また，このことは，変数を用いたプロシージャが，概念を言語表現したものであり，統合的イメージ形成を促すものである。図形は様々な「形」・「大きさ」・「位置」・「向き」をもつ。実在的な形を併せ持つFigural Conceptsであるため，図形に関わる数値や変数は，図形内にある場合は「形」や「大きさ」を決定し，図形外にある場合は「向き」や「位置」を決定する。

　その上で，第4節では，LOGOプログラミングの発達について，プログラミング形態の変化から5段階に分類した。形態Ⅰは，1命令入力であり，形のイメージ形成をする。形態Ⅱは，1命令ごとの複数命令入力であり，図形の属性である辺や角の大きさなどを指定して図形を描画する活動を通して，図形の性質などを発見する。また，イメージを多面的にする。形態Ⅲは，プロシージャ作成であり，複数命令による一連の手続きを1語で表現する。このことは，学習者が新たなシェマを獲得することに相等する。図形の性質を演繹的に理解したり定義の必要性に目を向け始めたりし，イメージは多面的

から統合的へと変化を始める。形態Ⅳは，変数を用いたプロシージャ作成であり，何を変数に置くかを決定し，変数に色々な数値を入れる活動をする。このことで，定義について理解し，統合的イメージ①を形成する。形態Ⅴでは，変数を用いた複数のプロシージャ同士の関係か分かり，それらの書き換えや，合成が容易に出来る。このことで，命題に目を向けたり，包摂関係を理解したりする，統合的イメージ②を形成する。

　第5節では，これらのプログラミング形態の変化が，川嵜の理解の様相モデルとどのように関係があるのかを，図3.25によって示した。図形学習でプログラミングを活用することによって，プログラミング形態と図形概念理解（の様相）は，お互いに刺激しあって発達していくものであると位置づけた。

註

1）川嵜は，様相Ⅳ，様相Ⅴともに，イメージは「統合的」であるとしている。プログラミングからの接近により，本研究においては，統合的イメージ①は，1つの図形概念についての統合的イメージであり様相Ⅳに属し，統合的イメージ②は，2つ以上の図形の関係も含めた統合的イメージであり，様相Ⅴに属することが判明した。すなわち，統合的イメージにも，水準があるとするのが，本研究の独自性である。

第3章の引用・参考文献

・飯島康之，GC サイト，愛知教育大学，http://www.auemath.aichi-edu.ac.jp/teacher/iijima/gc_html5/

・岡崎正和，影山和也，岩崎秀樹，和田信哉，2010，「図形学習における動的な見方の具体化」，『全国数学教育学会誌　数学教育学研究　第16巻　第2号』，pp. 1-10.

・川嵜道広，2001，「図形指導における『図形感覚』の意味について」，『全国数学教育学会誌　数学教育学研究第7巻』，pp. 93-103.

・川嵜道広，2003，「図形感覚の認識に関する教授学的研究」，『全国数学教育学会誌　数学教育学研究第9巻』，pp. 81-96.

・川嵜道広，2005，「直感的側面に着目した図形指導過程の研究」，『第38回数学教育論文発表会論文集』，日本数学教育学会，pp. 379-384.

・川嵜道広，2007，「図形概念に関する認識論的研究」，『日本数学教育学会誌．臨時

増刊　数学教育学論究88』，pp. 13-24.

・小関熙純，家田晴之，国宗進，1984，「図形認知発達的研究　―『平行四辺形』概念の形成過程について―」，『日本数学教育学会誌．臨時増刊　数学教育学論究41・42』日本数学教育学会，pp. 3-23.

・真田克彦，1988，「数学教育における LOGO の効果　―van Hiele の思考水準と LOGO―」，『第21回日本数学教育学会論文発表会論文集』，日本数学教育学会，pp. 127-132.

・杉野裕子，1989，「van Hiele の幾何学習水準を認識するツールとしての LOGO プログラミング」，『第22回日本数学教育学会論文発表会論文集』，日本数学教育学会，pp. 603-608.

・杉野裕子，1989，「子どもの思考水準と Logo プログラミング―中学校課外活動での実践―」，『数学教育学会誌　イプシロン第32巻』，愛知教育大学数学教育学会，pp. 96-104.

・杉野裕子，2002，「タートルグラフィクスによる角と角の大きさの理解および探求活動」，『第35回数学教育論文発表会論文集』，日本数学教育学会，pp. 457-462.

・杉野裕子，2005，「Logo プログラミングによって概念の意味と関係を認識する方法―四角形の構成を通して―」，『第38回日本数学教育学会論文発表会論文集』，pp. 401-406.

・杉野裕子，2008，「回転量に関する学習のスパイラルを考慮したカリキュラムの提案　―角度および図形の概念イメージを豊かにするために―」，『第41回数学教育論文発表会論文集』，日本数学教育学会，pp. 417-422.

・杉野裕子，2010，「Logo プログラミングを利用した図形概念の形成に関する研究（Ⅰ）―変数プログラムによる動的イメージと概念定義―」，『第43回日本数学教育学会論文発表会論文集 2』，日本数学教育学会，pp. 603-608.

・杉野裕子，2014a,「数学概念形成のための LOGO プログラミングコンテンツの開発―図形概念のイメージ化と言語化―」，『愛知教育大学大学院・静岡大学大学院共同教科開発学専攻，教科開発学論集第 2 号』，pp. 95-106.

・杉野裕子，2014b,「プログラミング活用環境下の授業における活動が図形概念の認識過程に与える影響」，『数学教育学論究96』，日本数学教育学会，pp. 89-96.

・Skemp R.R., 1971，藤永保，銀林浩訳 1973，『数学学習の心理学』，新曜社，p. 26, p. 87.

・Papert. S., 奥村喜世子訳，『マインドストーム』，未來社．

・Piaget J, Inhelder B., 1966，久米博，岸田秀訳，『心像の発達心理学』，国土社，

pp. 49-53.

・Fay, J.T. 編，成嶋弘監訳，1984，『数学教育とコンピュータ』，東海大学出版会，pp. 60-64.

・増田有紀，2008，「児童・生徒の角に関する学習上の困難点の特定　―学校数学における角の学習指導の再構成に向けて―」，『日本数学教育学会誌　数学教育学論究第90巻』，pp. 3-30.

・松尾七重，2000，『算数・数学における図形指導の改善』，東洋館出版社.

・森毅，1991，『数学的思考』，講談社，p. 188，pp. 193-197.

・Clements D.H., Battista M.T, 2001, Logo and Geometry, NCTM, pp. 129-132.

・Fischibein E., 1993, "The Theory of Figural Concepts", Educational Studies in Mahematics, Vol. 24, No. 2, Springer, pp. 139-162.

・Olson A.T., 1987, "Linking Logo, Levels and Language in Mathematics", Educational Studies in Mathematics, pp. 359-370.

・Pimm D, 1995, "Symbols and meanings in school mathematics", ROUTLEDGE.

第4章 プログラミング活用のための
コンテンツ開発

　本章では，プログラミング用教材を開発するにあたり，第1節において，算数・数学の授業におけるプログラミングがどうあるべきかについて考察する。特にLOGOは構造化言語であるため，プロシージャによって一連の手順を新しい言葉（命令）一語で表現し，次からは，それまでにあった命令と同じように使用することができる。プログラミング言語環境の中で，新しい言葉すなわち，新しい概念（シェマ）を作ったり，作り変えたり，統合したりといったことが，継続的に行える。この点を中心に，子どもが授業で行うプログラミングの位置づけをする。その上で，これまでほとんどされてこなかった，プログラミング用教材のコンテンツを開発・作成する意義を明らかにする。第2節では，プログラミング用教材として開発した“学校図形LOGO”のコンテンツ群について，その開発の理念と工夫を挙げる。図形概念形成に適した環境をつくるために，授業で子どもが使用する数学用語や言葉を擬似プリミティブに選び，画面では言語と図の配列を工夫し，キーボード入力を最小限にした。第3節では，LOGO言語を用いて筆者のプログラミングによって開発を行ったコンテンツのうちの代表的なものとして，1命令ごとの入力コンテンツの実際と想定される課題や活動について提示する。第4節では，児童・生徒がプロシージャを作成するために開発した，プログラミング用コンテンツと，想定される課題や活動について，提示する。

第1節　プログラミング用教材開発の指針

（1）算数・数学授業におけるプログラミング

「マイクロワールドEX」[1] LOGO に最初から備わっているプリミティブ（命令）は，タートル幾何で代表的な，「前へ　○」，「後ろへ　○」，「右へ　○」，「左へ　○」，「ペンをおろす」，「ペンをあげる」をはじめとして，全部で200余りある。それぞれ，英語でも命令できる。例えば「前へ」は，「forward」あるいは短縮形の「fd」使う。プリミティブは，グラフィック・オブジェクト・テキスト・ワードとリスト・画面編集・ファイル・変数・数値演算・入出力・時間・音・メモリ容量，といった12グループに分類されている。LOGO は，その名前「ロゴス」の由来でもあるように，言葉そのものを，「ワード」，ワードの列を「リスト」として扱えることも特徴である。いくつかの命令を組み合わせた一連の命令，すなわちプロシージャ（手順）を，新しい言葉（命令）たった1語で表現し，次々とコンピュータを動かすことのできる言葉をプログラミングによって作り続けることが出来る。構造化言語のため，新しく作った言葉（命令）は，プリミティブと全く同じように使える。プログラミング言語環境の中で，新しい概念（シェマ）を表す言葉を作ったり，作り変えたり，統合したりといったことが，継続的に行える。

第1章でもみたように，LOGO は幼児から使うことが可能であるが，200余りのプリミティブを使いこなすことで，高度な，大人のプログラミングにも使用できる。このため，プログラマーになる人の入門用言語として学習されることもある。従って，幼児のプログラミング，算数・数学の授業での児童・生徒のプログラミング，授業で見せるための提示用教材などを作成するときの教師や大学生によるプログラミング，プログラマーを目指す人のプログラミングと，高度になっていくものの，その境界線がはっきりと存在するわけではない。実際に，大学生に算数教材を LOGO プログラミングによっ

て作成させる演習では，学生自身が，児童・生徒に学ばせたい数学概念を使ったり，問題解決の過程を意識したりすることが起きた（杉野，2011，2012）。このような継続性や関連性は，系統的な数学学習では常に行われていることである。

　一方，算数・数学の授業では，その時間に学ぶ「本時の目標」がある。プログラミングを授業で活用するということは，プログラミングによって，授業で扱う数学内容について学んだり，問題解決をしたりといった学習環境を構築しなければならない。そのためには，授業で実際に与えるプログラミング課題を明確にし，従来の授業スタイルの中にどのようにプログラミング活動を組み入れていくのかの検討が必要である。本章においては，前者にあたる，与えるプログラミング課題についての考察を中心にし，そのための環境構築をする。これまで行われてきた LOGO 活用に関する実践や研究では，200余りのプリミティブの中から適当と思われるものを選択して与えてきたものがほとんどである。しかし，それだけでは，算数・数学の授業で LOGO が活用できる場面は限定される。本研究では，構造化言語であることを生かして，授業目標に合った擬似プリミティブを教師側であらかじめ作成して使わせる。換言すれば，幼児から大人まで境界を引くことのできないプログラミングのうち，まさにその授業で形成したい概念に関わる必要な部分だけを，学習者にプログラミングさせる環境を作る。そうでない部分は，あらかじめ教師側でプログラミングをして，擬似プリミティブとして準備しておく。擬似プリミティブは，授業で使う算数用語や子どもが理解できる言葉にしなければならない。このような擬似プリミティブを使用させることで，授業で養いたい数学概念を形成させることが可能になる。

（2）プログラミング教材をコンテンツにすることの意義

　プログラミング言語は汎用性が高く，言語をそのまま渡されたのでは，教師は，どの単元・課題に，どの命令を用いてどのようなプログラミングをさ

せればよいかの判断がつかない。200以上もあるプリミティブを理解し，適切なプリミティブを選択し続けることは一般には不可能に近い。プリミティブがそのまま使える単元が少ないことも，前章までで述べてきた。また，子どもが作るプログラムも自由に発展していく可能性があるため，授業目標へどのように関係付けるか，さらには評価することが難しい。これまで，LOGO プログラミングが，総合的な学習や技術科の一部でしか扱われてこなかった要因はここにある。ユークリッド幾何に対応する擬似プリミティブの開発（杉野，1998）が行われても，それは同じである。第 1 章において，本田（1985）や Pinn（1995）が指摘したように，はじめ，子どもは LOGO に興味を示しても，良い指導者がいないと持続できなかったり，画面の図に興味はあっても言語には目がいかなくなったりする。

　これらは，算数・数学の授業目標に対する，LOGO を使う目的の明確性の欠如が原因である。しかし，LOGO プログラミングを十分に体験した教師以外にそれを求めることは無理である。どの教師にも分かりやすく，子どもにも分かりやすいプログラミング教材でなければならない。また，それを使って実際にどのような図形を描くかがわかり，授業展開などがイメージできるということが必要である。そこで本研究において，LOGO 言語も単元や課題ごとにコンテンツにして，汎用の幅を狭めることで，授業目標に合わせたプログラミング環境を構築する。提示型のデジタル教材も，GC などのツール型教材も，単元や課題ごとにコンテンツにされているからこそ，どこでどのコンテンツを使用するかが明確になっている。また，コンテンツはweb 上での配信が可能であり，コンテンツの共有や，協働による作成や改良が可能になる。

　LOGO の初期画面は，図4.1の通りである。「コマンドセンター」は，1命令毎に命令する場合に，命令を書く場所である。「タブエリア」は，プロシージャを記述する場所である。中央の広いエリアに，図が描かれる。本研究で採用する「マイクロワールド EX」LOGO の良い点は，これらのエリア

第4章 プログラミング活用のためのコンテンツ開発　123

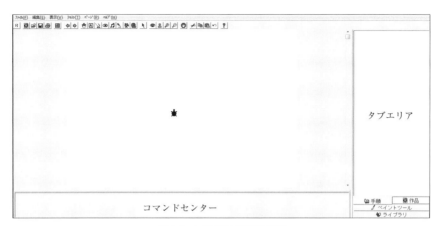

図4.1　LOGOの初期画面

が同一画面上にあることである。しかし，LOGO を授業で使おうとしても，この画面だけである（実は，タートルも出ていない）。これを見て，一般の教師は，何をプログラミングさせるか，どんな命令があるのかさえ，研修を受けたり，独学で学んだりしないと分からない。LOGO で図形概念が形成できるとしても，一般の教師や子どもが使える環境を作らない限り，活用されない。

第2節　"学校図形 LOGO コンテンツ" 開発の理念

　2013年より，適切なプログラミング活用環境を実現するために，児童がプログラミングするための LOGO 教材を，単元や課題ごとにコンテンツにするという新しい方法で開発を進めている。各コンテンツには，児童に使用させる擬似プリミティブを，学習目標や課題に合わせて配する。コンテンツは，教材分析と授業設計をもとに作成した。続いて，開発したコンテンツを使って授業実践研究を行い，児童のプログラミング活動の様子や作成したプログラム，授業プロトコル，授業者である教師の要望を細かく取り入れて，改良

点や新たな開発の視点を得た。それをもとに，より適したコンテンツに作り直し，同じ単元の授業実践研究を複数回行うというPDCAサイクルに載せている。改良が比較的容易にできることも，LOGO言語（構造化言語）の特徴である。次に，コンテンツの理念と工夫について述べる。

（1）ボタン入力

プログラミング言語の入力は，命令の書かれたボタンを画面上におき（図4.2），ボタンをクリックまたはタッチすると（電子黒板やタブレット端末の場合），命令が，「コマンドセンター」や「タブエリア」に書かれるようにした。キーボード入力は，低・中学年では無理があり，高学年の児童でも，個人差が開いて授業に支障をきたす。授業実践では，最初，コマンドセンターに命令を書くためのボタンしか作成せず，タブエリアには（プロシージャ作成では），キーボード入力したり，コマンドセンターに書かれた命令をコピー＆

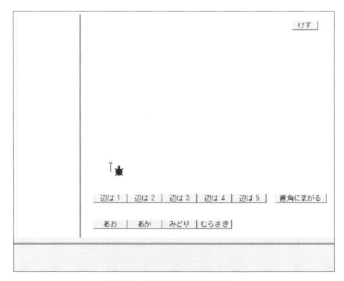

図4.2　算数用語のボタン

第4章　プログラミング活用のためのコンテンツ開発　　125

ペーストしたりすることによって，書かせた。時間がかかった反省から，その後，タブエリアにも命令が書けるボタンのあるコンテンツを開発した（図4.9）。

　また，画面にボタンを置く最大の利点は，LOGO 言語に最初から備わっている200余りの命令のうち，どれを使ったらよいかが一目で分かることである（図4.2）。換言すれば，該当単元や課題で使用する命令だけに絞ったボタンをおくことで，どのような図を描くのかを，教師がつかむことができる。子どもは，画面のボタンにある命令を使ってプログラミングをする。このように，プログラミングで使わせたい命令のボタンをコンテンツ毎に置くことで，各授業の目標にあわせたプログラミング環境をつくることを実現した。

（2）「算数用語」を命令におくこと

　プログラミングに使う命令は，開発した「辺は　○」，「角度は　○」をはじめとする擬似プリミティブであり，子どもの学習内容や実態に合わせたものである。プリミティブ命令はほとんど使わない。特に，算数用語をそのまま命令として使うことで，算数用語の働きについて，画面のタートルの動きから，実感的な理解が可能となる。また，授業では，算数用語だけではなく，生活用語も使われる。生活用語も，子どもの実態に合わせてボタン命令として置く。例えば，プリミティブ命令では，「いろは "あか」と入力しないと，タートルとその軌跡は赤にならない。短く「あか」とした。「けす」についても，本来は，絵を消すのか，字を消すのかによって，命令が異なるため，「けす」の１命令で，全てが消されるようにした。このように，子どものレベルにあったマシン－マン・インターフェイスをこころがけて，ボタンの命令を決めた。また，実態や学年に合わせて，漢字にしたり，命令の言葉を変えたりといったことは，LOGO では１分もかからずにでき，教材改良の負担が少ない。

　したがって，子どもの実態に合わせた算数用語や生活用語で命令が動くよ

うに，前もってプログラミング用教材を，プログラミングによって開発しておく必要がある。前節でも述べたように，子どもに学習させたい概念を形成するための命令を，教師側で準備しておく。実際には，分かりやすい言葉に直すだけでなく，課題に応じて，タートルが図形を描き始める位置や，最初の向き，スケール（1でどれだけの距離を進むか），タートルが回転する角度の印を入れるかなどの，細かい調整を要する。これらも，単元や課題ごとにコンテンツにすることで，その都度教師が作り変えをする必要がほとんどなくなる（学級の実体に合わせての微調整はあるかもしれない）。

（3）図と言語の，同一画面上の逐次表示

プログラミング命令は，コマンドエリアから入力する必要はなく，ボタンをクリックまたはタッチすることで入力され，テキストボックスに描画と同時進行で表示されるようにした。プログラミングのよさは，入力する言語と，それによって生じる画面の出力変化（例えば図が描かれる）の2面があることであった。「マイクロワールドEX」LOGO では，タブエリアは，タートルが描画するエリアと同一画面にあるため，プロシージャとの関係は分かりやすい。しかし，コマンドエリア（命令入力エリア）は下の横長の長方形で，数行しか表示されない。それ以上入力すると，スクロールされて見えなくなる。

この点の解決と，さらに，タートルが動くときに同時に命令が表示されることで，より強く，言語と図（タートルの動き）の関係性がつかめるという発想から，画面の左側に新たにテキストボックスを設けた。ボタンを押すとここにも命令が書かれることで，画面上で，図の描画と言語が同時に逐次表示されるようにした（図4.3）。同一画面に複数の図をかく場合は，色を変えるボタンを使うことで，図と言語がそれぞれ同じ色で表示されるようにして，一目で区別がつくようにした（図4.4）。

本節で述べた，プログラミング用コンテンツを開発するための理念や工夫を実現させるためには，「マイクロワールド EX」LOGO が現時点では最適

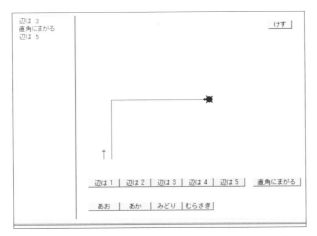

図4.3 図と言語の逐次表示（ボタンを押すだけ）

である．他にも販売されているLOGOや，無料配信されているLOGOはある．「マイクロワールドEX」LOGOを選択する利点を以下に挙げる．

- 日本語でプログラミングができる．
- タートルがシンプルな亀で向きが変わる．
- プロシージャを書くためのタブエリアと，図を描くエリアが，同一画面上にある．
- 命令を入力するためのボタンを置く機能がある．
- テキストボックスと，その編集が容易にできる．
- web配信に対応できる．
- オブジェクト指向が高すぎず，数学言語に近い．
- 必要以上の派手な装飾がない．

第3節　1命令ごとの入力コンテンツと，想定される課題や活動

　筆者のプログラミングによって開発し，授業実践を通して改良を行なった，代表的なコンテンツの実際を挙げるとともに，想定される課題や活動について述べる。

(1)「長方形・正方形描画」コンテンツ
　小学校2年用に開発したのが，「長方形・正方形描画」コンテンツである。図4.4のように，辺の長さは1～5に限定した。サイズは，印刷したときに，1がちょうど1cmになるようにしてある。画面からはみ出さないこと，および，同一画面で2～3個の長方形を描かせる意図から，辺の長さを5までに限定した。必要に応じて，スケールを変えたり，6以上の長さのボタンを作成したりすることはできる。しかし，一般のジオボードも「5×5」の点が並んでいることと，学年のレベルを考えると，この程度で適当である。色

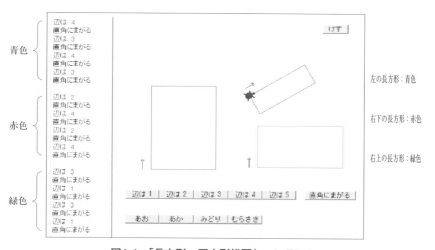

図4.4　「長方形・正方形描画」コンテンツ

のボタンによって，色を変えることで，2つ以上の図を描いた場合の対比がしやすくなる。また，タートルの向きは，亀のあたまの部分をドラッグでつかんで任意方向に回すことができる。

このコンテンツは，児童が「長方形」や「正方形」という用語を始めて学習するときに使用する。長方形の形をイメージし，1命令毎に試行錯誤しながら，向かい合う辺の長さが等しいことを帰納的に発見するかもしれない。あるいは，長方形の形について，図形感覚として分かっている児童は，向かい合う辺の長さを最初から同じにするであろう。プログラミングが初めての児童に対して，教師は，例えば，「辺は　3」・「直角に曲がる」・「辺は　4」のボタンを押したときの動きを見せ，続きを自分で命令して長方形が完成できそうかという，見通しを持たせることが大切である（図4.3）。児童の実態に応じて，自由な長さの辺で描かせたり，複数個の長方形を描かせたり，斜めになった形を描かせたりする。間違えた場合は，それを残して，次に挑戦してもよいし，「けす」ボタンを用いることもできる（画面は全部消える）。

各自で描いた後は，一斉の場での確認をする。言語面での重要な活動としては，どの長方形も直角が4つあること（矢印の向きがタートルの初期方向であり，それに合わせて長方形を完成させる），および，向かい合う辺の長さを同じにしていることを，図と言語（言語ではひとつおきに同じ数値）から確認をすることである。イメージ面での重要な活動としては，長方形にもいろいろな形や向きや位置があると理解することである。特に，他の児童が描いた長方形を前面スクリーン等で見せることは，長方形の多面的イメージの形成のきっかけとなる。

（2）「多角形・正多角形描画」コンテンツ

「多角形・正多角形描画」コンテンツは，いろいろな四角形や，正多角形など，辺の長さと角度で決定できる図形の単元で使用できる（図4.5）。特に，多角形・正多角形についての探求に適している。高学年で初めてプログラミ

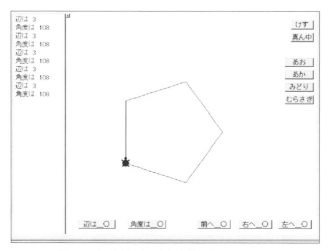

図4.5 「多角形・正多角形描画」コンテンツ

ングをする児童には，入門用として使用させる。この場合，既習の長方形・正方形・正三角形の描画によってプログラミングを学び，次に別のコンテンツを用いて，例えば，図形を拡大する課題に取り組むということもある。出来れば，低学年から継続的にプログラミングを活用しておくことが望ましい。同一言語であるため，前学年までのプログラミングや作成したプロシージャはメモリーに保存することによって，既習事項として使うことができる。

　また，第3章でも挙げたように，角の描画にも使用できる。例えば，「辺は　5　角度は　60　辺は　3」と命令すると，角の図を描くことができる

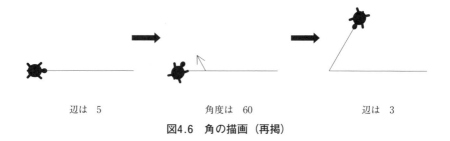

図4.6　角の描画（再掲）

```
辺は　 2
角度は　250
辺は　 2
角度は　 40
辺は　 2
角度は　250
辺は　 2
角度は　 40
　　　　　⋮
```

図4.7　角によって構成しようとした星の形

（図4.6）。第3章では，角度について未習の小学校4年の娘が図4.6の方法でいろいろな角を描いた。課題を終えたとき，「角をつないで，お星様を描きたい」と言い出した。そんな複雑なことができるのかと疑問に思いつつ任せておいたら，かなり試行錯誤の末，厳密には閉じることが出来なかったものの図4.7を描いた。「多角形が角の集まりとして構成されている」ということに，親子とも気付いた瞬間であった。教具を用いた場合は，辺の集まりとして，角度は手で動かして多角形を構成する。しかし，角が集まって，多角形が出来ているという見方もある。

「多角形・正多角形コンテンツ」を子どもに使わせた場合，最初は教師から言われた図形，例えば，正三角形，正方形，正五角形，正六角形などを描くであろう。その後，子どもは発展的に，正七角形以上を描こうとする可能性がある。

（3）「画面2分割多角形描画」コンテンツ

2014年2月に，豊田市立A小学校の5年の児童に，「多角形・正多角形描画」コンテンツ（図4.5）を用いて，授業実践をした。正三角形をプログラミングで描いた後，画面を消して，正方形を描かせた。正三角形と正方形の比較を通して，改めてそれぞれの図形の特徴に気づかせようとした時のプロトコルが，表4.1である。画面には，正方形しか残っていないため，最初のT

表4.1 正三角形と正方形のプログラムを比較する場面

T	他にも何か気が付いたことがある人。簡単なことでいいよ。さっきの正方形かいたプログラムちょっと消えちゃったけど，あれ思い出して。どこが一緒？どこが違う？
T	ないの？　先生言っちゃおうかな。「辺は」っていう言葉の数は何回出てくる？
C	3回。
T	さっきは？
C	4回。
T	何で？
C	辺が3つと4つ。
T	そう。四角形は4辺。三角形だと？
C	3辺。
T	角度は？　続き言えるひと。
C	三角形は角度が3つ。で，四角形が4つ。
T	だから，辺と角がいくつあるかということで，「辺は」という言葉と，「角度は」っている言葉の数も決まってきます。
T	今からちょっと難しいことやるからね。
C	五角形。

のプロトコルにあるように，「思い出して」という苦しい発言の後，誘導的に破線部の発言とまとめをしてしまっている。正三角形を板書に残す方法もある。

　この授業の反省から，せっかくコンピュータでやっているのであるから，画面を2分割する「画面2分割多角形描画」コンテンツを開発した（図4.8）。開発にあたっては，最初画面を縦に2分割することも考えたが，言語は言語どうし，図形は図形どうしの比較がしやすいように，横に2分割した。片方だけの言語と図を消す機能ももたせた。そのために，言語命令のリストをコンピュータに記憶させ，消す場合は，図形は同じ白い線で上書きする方法などの工夫の末，完成した。片方だけを消す機能を持たせたことで，このコンテンツは，いろいろな使い方ができるものとなった。画面の上下を比較することができるため，例えば以下のような使い方ができる。

第4章 プログラミング活用のためのコンテンツ開発　133

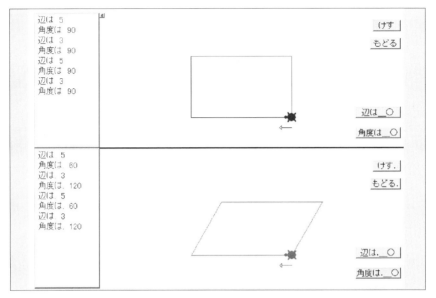

図4.8 「画面2分割多角形描画」コンテンツ

・正しく描けた図と失敗した図を比較する。
・同じ図形の異なった図を上下に描いて，言語の中の同じところと違うところを注視することによって，図形の性質や定義を発見する。
・異なった図形を上下に描いて（例えば正三角形と正方形）その違いをみつける。さらに，正三角形を消して，正五角形の描画に挑戦させる。
・上に描いた図形の，拡大図や縮図を下に描く。

どの活用方法も，言語と形の両方から考えることができ，また，間違えても片方だけを何度でも消して描き直すことができる。

第4節　プロシージャ作成用コンテンツと，想定される課題や活動

(1)「多角形・正多角形プログラミング」コンテンツ

　豊田市立A小学校の5年の児童に2014年2月，6年の児童に2014年7月に実践したときは，プロシージャの作成は，キーボードから入力させたり，コマンドセンターに残った命令をコピー＆ペーストさせたりしたため，非常に時間がかかった。児童は一生懸命取り組んでいたが，反省から，プロシージャもボタンで書けるコンテンツを開発した。

　最初は，50音全部のボタンを並べたが，その必要はない。当該授業で使わせたい命令だけを，ボタンで配しておけば済む。タブエリアにプロシージャを記述するためのボタンは，右に，それ以外のボタンは機能別に，左上と下に配した。図4.9は，ボタンを用いて正三角形のプロシージャを作成した後，コマンドセンターからキーボードを使って「正三角形」とだけ入力して，図

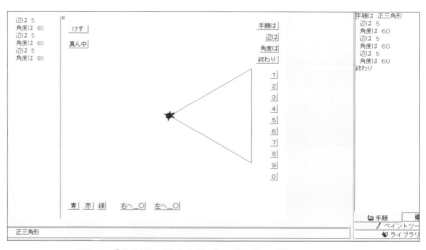

図4.9　「多角形・正多角形プログラミング」コンテンツ

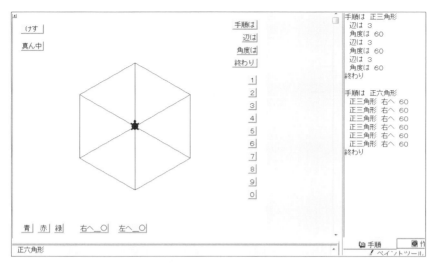

図4.10 正三角形を回転させながら，6個で合成して作った正六角形

を描いたものである。

　このように，「正三角形」のプロシージャを1度作成してしまえば，次からは，「正三角形」と命令するだけで，描くことができる。また，プリミティブ命令と同様に，他のプロシージャの中で「正三角形」を使って記述することもできる（構造化）。そのため，図4.10のような，正三角形を60°ずつ回転させて，6個の正三角形で六角形を合成する「正六角形」のプログラミング課題に取り組むことができる。「右へ　○」，「左へ　○」と，回転角度の数値入力でタートルの向きを変えるためのボタン命令も配した。

　小学校低学年で，色板並べによる図形の合成をするが，どの向きに，どれだけの長さ移動したかは，言語的に認識することは難しい。図4.10の右にある「正六角形」のプロシージャの中を見ると，正三角形を60°ずつ回転しながら6個描いていることが分かる。このコンテンツを用いることで，他にも，例えば，正方形のプロシージャも作成し，正三角形と合成して家の形を描くといった活動ができる。

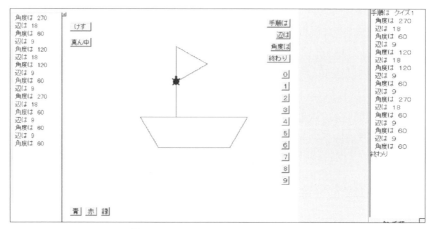

図4.11 「拡大図と縮図プログラミング」コンテンツ

　コンテンツをプログラミングによって開発する過程で，何度もバグを起こした。結果，プロシージャ名の「正三角形」のみ，キーボード入力が必要であることがわかった。なぜなら，「正三角形」は，「タブエリア」と「コマンドセンター」の両方での記述が必要であり，コンピュータが混乱を起こす。そのため，「手順は」に続くプロシージャ名は，タブエリアに送り込むことが出来ないように，マイクロワールドEXでは設計されている。

（2）「拡大図と縮図プログラミング」コンテンツ

　図形の拡大・縮小の学習用に，図4.9のコンテンツのスケールを変えたのが，図4.11の「拡大図と縮図プログラミング」コンテンツである。大きく拡大した図形も描けるように，1に当たる長さを小さくしてある。この変更も，LOGOでは，プログラム中の1箇所の数値を変えるという簡単な操作で出来るため，教師は，その日の課題に応じたスケールに容易に変更することができる。第6章で紹介する図形の縮小ゲームなどで使用したが，このコンテンツは，いろいろな大きさの図形で描画する場合にも使うことができ，創造

第4章 プログラミング活用のためのコンテンツ開発　137

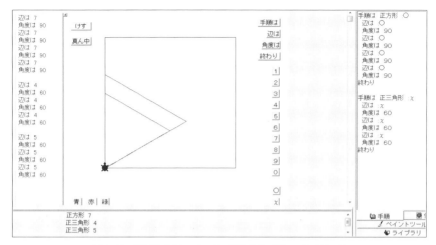

図4.12　「変数を用いたプログラミング」コンテンツ

性や発展的学習に寄与できる。

（3）「変数を用いたプログラミング」コンテンツ

　変数を用いたプロシージャが作成できるコンテンツを開発した（図4.12）。現在の学習指導要領では，○や□だけでなく，6年でxやyも用いる。これらの文字は，変数として使われる場合がある。LOGOでは，コンピュータが変数であることを判断するために，変数名の前に「：」をつける必要があるが，コンテンツにして「：○」や「：x」のボタンを置き，半角の「:」にし，ボタン上では，見えないように隠したことで，違和感が少なくなった。

　変数を用いたプロシージャは，対象とする図形に対して1つ作成するが，変数にさまざま数値を入れることで，画面上に，いろいろな大きさや形の図が描かれる。図4.12では，辺の長さを変数にしてあるが，角度を変数にすると，形が変わり，異なった発見が起きてくる。第3章で示した，変数を用いたプロシージャによって，四角形の包摂関係を理解する課題にも，このコンテンツを使用した（図3.21）。変数にいろいろな数値を入れる活動によって，

ひとつの概念に対する，多面的なイメージは，統合的なイメージになっていくと同時に，変数を用いたプロシージャは，概念を表記した，1形態といえる。

第5節　第4章のまとめ

　本章では，第1節でプログラミング教材を開発するにあたり，授業の目標を達成するためのプログラミング環境を構築することが必要であることを述べた。各授業において，図形概念形成にかかわる部分だけを子どもにプログラミングさせるために，LOGO言語に備わっているプリミティブ命令をそのまま使わせるのではなく，授業で使う算数用語や子どもが理解できる言葉の命令を，擬似プリミティブとして開発して準備した。教材を単元や課題ごとにコンテンツにし，それぞれの教材で使用する命令（擬似プリミティブまたはプリミティブ）だけに絞ることによって，教師にも子どもにも，使い方が分かりやすくなった。同時に，課題ごとに必要とする微調整も，コンテンツに含めることができた。

　第2節では，"学校図形LOGO"コンテンツ群の開発の理念を挙げた。開発は教材分析や授業設計をもとに行い，実際に授業で子どもにプログラミングをさせて，改良をしたり新たなコンテンツを開発したりという，PDCAサイクルに載せた。コンテンツには，命令を入力するためのボタンを置くことで，キーボード入力を極力させないということを実現した。また，命令はボタンにあるものに絞って使用させることで，授業で目標とする図形概念形成にかかわるプログラミング活動に集中させることが実現した。教師も子どもも，数あるLOGOの命令のうちのどれを本時で使用し，どのような課題に取り組むのかが分かりやすい教材となった。ボタンには，当該学年の子どもに適した算数用語や生活用語を置いた。算数用語がどのように機能するのかについて，画面からも実感的に経験することを意図した。そのため，言語

と図を同一画面上で逐次表示するために，言語が表示されるテキストボックスを設けるという工夫をした。

第3節では，1命令ごとに入力をするコンテンツの代表として，以下のコンテンツの実際について，特徴や開発の工夫と，想定される課題例を示した。

「長方形・正方形描画」コンテンツ

「多角形・正多角形描画」コンテンツ

「画面2分割多角形描画」コンテンツ

第4節では，プロシージャ作成用コンテンツの代表として，以下のコンテンツの実際について，特徴や開発の工夫と，想定される課題例を示した。

「多角形・正多角形プログラミング」コンテンツ

「拡大図と縮図プログラミング」コンテンツ

「変数を用いたプログラミング」コンテンツ

これらのコンテンツは，実際に授業で使い，児童の様子やプロトコルおよび教師の要望を取り入れて，改良や開発をしたものである。第6章において，これらのコンテンツを使ったプログラミングが学校図形教育にどのような変化をもたらすかについて，授業実践により検証する。

註
1）本研究において使用した LOGO 言語は「マイクロワールド EX」である。
　マイクロワールド EX は現在カナダに拠点があり，日本では，株式会社 FC マネジメントが販売を扱っている。

第4章の引用・参考文献

・杉野裕子，1988，「算数・数学の授業におけるコンピュータプログラミングの役割－自作ソフト"学校図形 Logo"を通して－」，『日本数学教育学会論文発表会論文集21』，日本数学教育学会，pp.133-138.

・杉野裕子，2002，「タートルグラフィクスによる角と角の大きさの理解および探求活動」，『第35回数学教育論文発表会論文集』，日本数学教育学会，pp.457-462.

・杉野裕子，2011，「Logo プログラミングによる算数教材コンテンツの作成（I）－

大学生による自由な教材作成を通して－」，『第44回数学教育論文発表会論文集』，日本数学教育学会，pp. 825-830.

・杉野裕子，2012，「Logo プログラミングによる算数教材コンテンツの作成（Ⅱ）－数学の表現形態からみる適切な教材と，市販教材および大学生の教材作成の現状－」，『第45回数学教育論文発表会論文集』，日本数学教育学会，pp. 911-916.

・杉野裕子，2013a，「算数学習におけるコンピュータプログラミング活用　－長方形概念形成のための LOGO 教材開発－」，『科教研報.27.5』，pp. 43-48.

・杉野裕子，2013b，「低学年算数のための『1単語－ボタン入力』による LOGO プログラミング教材」，『日本科学教育学会年会論文集37』，pp. 363-364.

・杉野裕子，2013c，「図形概念のイメージを育て，言語表現とつなげるプログラミング活用コンテンツの開発」，『第46回秋期研究大会発表収録』，日本数学教育学会，pp.383-386.

・杉野裕子，2014a，「数学概念形成のための LOGO プログラミングコンテンツの開発－図形概念のイメージ化と言語化－」，『愛知教育大学大学院・静岡大学大学院共同教科開発学専攻，教科開発学論集第2号』pp. 95-106.

・杉野裕子，2014b，「正多角形描画のためのプログラミング用コンテンツ開発と授業実践　－正三角形・正方形描画と，プロシージャ作成－」，『科教研報28.8』，日本科学教育学会，pp. 63-68.

・杉野裕子，2014c，「LOGO による正方形・正三角形をもとにした『家』描画プログラミングの実際－」，『図形の傾き』の概念に焦点を当てて－」，『科学教育学会年会論文集38』，pp. 395-396.

・杉野裕子，2014d，「プログラミング活用環境下の授業における活動が図形概念の認識過程に与える影響」，『数学教育学論究96』，日本数学教育学会，pp. 89-96.

・杉野裕子，2015a，「算数科におけるプログラミング活用授業のためのコンテンツ開発と改良」，『科教研報29.9』，科学教育学会，pp. 87-92.

・杉野裕子，2015b，「算数科図形学習のための，プログラミング教材開発と授業構成」，科学教育学会年会論文集39』，科学教育学会，pp. 378-379.

・Papert. S., 奥村喜世子訳，『マインドストーム』，未来社.

〈開発したプログラミング用コンテンツ〉

・杉野裕子，2015，「学校図形 LOGO コンテンツ」，学習ソフトウェア情報研究センター学習デジタル教材コンクール　奨励賞.

第5章 プログラミング活用による問題解決学習について

　第6章における授業実践検証を進めるにあたり，授業構成をする場合に考慮に入れなければならないこととして，プログラミング活用から想定される問題解決学習がある。そこで本章では，プログラミング活用は，問題解決学習に対して，どのような良さがあるかについての考察をする。第1節では，コンピュータによる正確で速い処理により，数多くの帰納的試行が可能になることによって探求が起きることを，実際の例を交えて述べる。また，問題解決における反省思考について，プログラムでのバグの修正欲求から，メタ認知が働きやすいことについて述べる。さらに，問題解決方法の多様性について，プログラミングでは画面で描かれる図としての最終出力は同じでも，プログラム内容の違いから異なった方法を用いて解決していることが明白になる例を提示する。プログラミングでは，ひとり1台のコンピュータによって，各自が問題解決をしている場にもかかわらず，自然発生的に強調的問題解決が起きることが見受けられる。第2節では，プログラミングにおける遊びの効果について，自由描画や自由なプログラミングの事例から考察をする。

第1節　プログラミング活用による問題解決

（1）プログラミングによる帰納的試行

　コンピュータは，帰納的試行をする道具として優れている。特にプログラミングでは，言語や数値がどのように図に影響を及ぼすかについて確かめることができる。コンピュータによる帰納的試行を支えている要因は，スピードと正確さと再現性にある。また，Gibson が唱えたアフォーダンスのとし

て，コンピュータの画面は，意味を返すものとしての役割を担う。

　タートル幾何でよく取り上げられるのは，正分数多角形（星形多角形）の例である。1回転で閉じる正多角形を一般化したプロシージャと，それによって描いた，正三角形，正五角形，正十三角形が，図5.1である。この場合は，プリミティブ命令を使用し，外角でタートルを回転させることによって，多角形とその外角について探求することができる。

　星の形を一筆書きで描こうとする場合は，図5.2の外角「☆☆」について

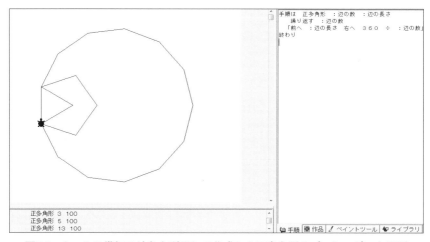

図5.1　タートル幾何の外角を利用して作成した正多角形のプロシージャと図形

図5.2　1辺を100に固定した場合の星型とそのプロシージャ

第5章 プログラミング活用による問題解決学習について　143

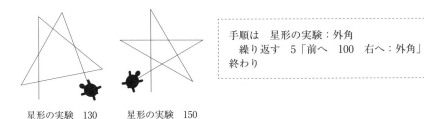

図5.3　外角の正しい数値が130°と150°の間に存在することが分かる試行

考える必要がある。

　外角の大きさが分らない場合，帰納的に数値を入力してみることが可能である。正しい数値が130と150の間にあることが，図から予測できる（図5.3）。この場合，タートルは2回転して星を描くため，外角の和は360×2となる。これを，辺の数（分子）と回転数（分母）へ一般化した，正分数多角形という概念は，LOGOのタートル幾何によって，言語面から意味を吟味すると理解しやすい。そして，画面で，どのような図が描かれるがイメージとして予想し，数値を変えて帰納的に描いて比較することから，いろいろな発見が起きる。例えば，正8／2角形は，四角形の軌跡を2回りする。分子と分母が既約でないためである（図5.4）。いろいろな星型正多角形の描画は，手書きでは時間がかかり，正確さも求められない。

　プログラミングでは，帰納的にいろいろと画面で描いた図に対して，言語がどうなっているかを注視することによって，言語の意味を確認したり，理

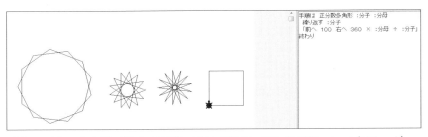

図5.4　正13／2角形，正13／5角形，正13／6角形，正8／2角形　と　プロシージャ

解したりする活動が起きる。森（1991）は，現実の数学的法則を分析してい
くのに，それを文字で表現し，その形式を確立していくことは大事なことで
あるが，教養主義的な代数では，その形式性が量の問題と結合されないこと
には形式を確立することはできず，量から出発することが原則であることに
言及している。すなわち，数学的実体を通して，概念のもつ意味について教
育する必要があるとしている（森，1991，pp. 193-197）。

Pimm（1995）は，定規で四角形を描くのは子どもにとって大変であり，定
規で線を引くのさえ無視すると述べている。実際，児童にとって，定規や分
度器，コンパスを使って図形を描くことは，大変時間がかかり，なかなか正
確に描けないことを述べている（Pimm, 1995, p. 57）。小学校の教員からも，
同様の声をきくことはしばしばある。

杉野（2002）は，娘が4年の夏に，啓林館の4年用教科書に載っていた課
題に取り組ませた。外角ではなく内角によって描く問題であったため，定規
と分度器で描かせた場合と（分度器は未習であったが，使い方を教えた），"学校
図形 LOGO"でプログラミングさせた場合を比較した。教科書には，「角の
大きさ」の単元の最後に，発展課題として，10cmと45°（内角）を交互に繰
り返して描いた星形正八角形（正8／3角形）の図が載せてあった。続いて，
次の問題が書かれていた。

　問題：30°にすると，どうなるでしょう。
　　　　ほかにも角の大きさをいろいろ決めてやってみましょう。

果たして，この作図問題を定規と分度器で，学級のどれくらいの児童が描
けるのかと疑問に感じつつも，娘に描かせてみた。結果は，定規と分度器の
場合は，16分かかり，やや正確でない部分があった。初めての分度器での描
画にしては，速くて正確である。LOGO プログラミングでは，繰り返しの
数を試行錯誤して，12回を見つけたが，半分の時間でプリントアウトまでで
き，もちろん正確な図であった（図5.5）。先に定規と分度器で描いていたの

第5章 プログラミング活用による問題解決学習について　145

で，逆の順ならば少し違ったかもしれないが，かなりの差である。
　さらに，角度を10°に変えて，「トキトキ」と名づけたプロシージャを作成した。「30°の場合は繰り返しが12回だから，10°はその3分の1だから，繰り返しを3倍にして36回にする」という方略で，すぐに完成させた（図5.6）。この図は，手書きでは，到底無理である。定規とコンパスについての知識と，正確に使える技能を育てることも必要である。しかし，帰納的に数多くの試行をする場合の作図方法としては適さない。作図そのものが目的ではなく，

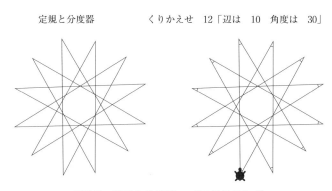

図5.5　定規と分度器　プログラミング

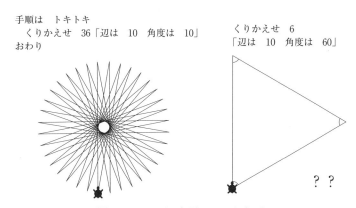

図5.6　正36／17角形　正6／2角形

図形のイメージや性質についての概念を養う目的の場合は，言語を使って，図がどうなるのかを，いろいろな角度や回数，あるいは辺の長さによって帰納的試行をすることが，発見や納得へ導いていく。

このように，プログラミングでは，帰納的試行によって発見をしたり，言語を同時にみることで言語的な意味を理解したりすることができる（必要ならば説明や証明の活動が起きるであろう）。また，それだけでは留まらず，さらにその先へとオープンエンドに発展させ，意味を拡張させていけるというよさがある。画面からはみ出す場合は除いて，数値を任意に決めることができ，小数や分数を入力することもできるため，発展や拡張の幅が広がる。ジオボードや辺に見立てた棒などの教具による構成の場合は，長さなどに制限がある。透明シートを重ねる場合は，細かい数値が意識しにくい。また，何枚も重ねることが難しい。しかもこれらは，言語や数値と直接的には繋がってはおらず，学習者内面の翻訳に委ねられてしまう。

（2）バグの修正による反省思考

市川（1994）は，プログラミングに要求される能力について，極めて要約的に，以下の2点を挙げている。

・求める結果を得るための具体的な手続き（アルゴリズム）を発見・構成すること

・プログラム言語で使われる概念と規則を習得し，アルゴリズムをプログラムの形で表現すること

すなわち，ある問題に対して，解決への見通しを持ち，解決できる方略を考えることと，それを言語で記述するのがプログラミングとも言える。しかし，市川（1994）は，紙に書かれたアルゴリズムが正しいのかどうかは，そのままでは明らかにはならず，コンピュータという実現可能な装置があってこそ，自分の考えの正しさを確認できるとしている。続けてLOGOについて紹介している。

第 5 章　プログラミング活用による問題解決学習について　147

　問題解決としてプログラミングを取り上げるときに，最も注目されるのが「デバグ」（誤りの修正）である。Papert（1980）は，「できたか」か「できなかったか」という考えのために学習の遅れている子どもが多いが，コンピュータのプログラムを学ぶ上では，一度でできるということはほとんどない。プログラムの達人になるということは，「バグ」即ち，プログラムがうまく働かないことを妨げている部分を取り出し，修正することであり，正しいか正しくないかではなく，修正可能かという点にあることに言及している。

　学生がプログラミングしている時でも，また，筆者自身が教材コンテンツ作成のためにプログラミングをしている時でも，画面に想いえがいた結果が出ない場合は，必ずどこかにバグがある。原因は，不注意ミスの場合も，アルゴリズムの不適切さや，使っている数学知識が曖昧である場合などもある。不注意ミスの場合は，コンピュータがある程度，ミスの種類のメッセージを返してくる。数学的な誤りや，思い違いの場合は，画面の結果から，どこにバグがあるかの予測がつき，式や数値などの誤りを正すことができる。アルゴリズムに誤りがある場合は，構造化言語 LOGO では，ひとつひとつの命令やプロシージャがうまく動くかを確かめながら，デバグをすることが出来る。

　プログラミングによって，コンピュータに何かをやらせるということは，コンピュータにやってもらっている部分は機械的な処理であり，やっているのは，プログラミングをしている人間である。自身のプログラミングという行為に対して，画面からのアフォーダンス，すなわち，言語で外化したものの正当性に対して，成功か・バグありかということが返ってくる。次いで，どの部分が誤っているのかを探るため，強力なメタ認知が働く。どのようにしたら成功させられるかというデバグ欲求が起き，メタ認知的技能も働く。

　杉野（2014c）は，プログラミングを初めて学習する大学 3 年生に，正方形と正三角形のプロシージャを作成させた直後に，構造化プログラミングとして，正方形と正三角形で「家」を描くプロシージャを作成する課題を与えた。

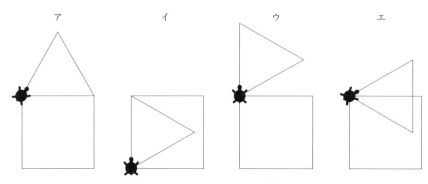

図5.7 家の描画とバグ

　28名の大学3年生は全員自力で，10分以内でプロシージャを完成させた。学生の画面では成功していた。しかし，1回目のプログラミングにおいて，どのような図が描けたかをアンケートによって調べた結果は以下であった。

　　ア（成功）　　　　　　　　　5名
　　イ（距離の移動がない）　　　3名
　　ウ（回転をしていない）　　　5名
　　エ（回転角度のバグ）　　　　6名
　　　その他の距離のバグ　　　　5名
　　　その他の回転角度のバグ　　4名

ある程度コンピュータの扱いに慣れている大学3年生でも，1度で成功した者はたった5名しかいなかった。しかし，画面を見ながら，すぐにバグ修正は出来た。この結果から，図形の回転イメージが脆弱であることと，プログラミングではバグに気がつき，デバグ欲求もすぐに起きる（教員が見回っている間にすぐに修正する）という実体が判明した。

（3）問題解決方法の多様性

　プログラミングでは，同じ結果を画面に表示していても，方法はひとつではない。このことは，問題解決に対して様々な方法があり，見方によって，

いろいろな数学的な意味を実感することができるということを示す。杉野（2014a）は，大学生が提示型デジタル教材作成をする過程で，関数のグラフや円の面積などの課題のために，方眼を作成する場面に何度か遭遇した。これまでに，画面では同じような方眼が表示されていても，3種類の異なった方法でのプログラミングがあった。

「平行線」を使う

　21本の平行線を描くプロシージャを作り，90°傾けて上から重ねると方眼が描ける。

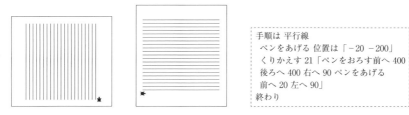

図5.8　平行線とそのプロシージャ

「正方形」を敷き詰める

　第1節でも紹介したが，小さな正方形を作り，辺の長さ分移動して縦に並べた「はしご」を作る。さらに，「はしご」を横に辺の長さ分移動して敷き詰める。この他にも，敷き詰めの方法はいろいろある。

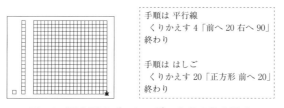

図5.9　正方形のプロシージャとその敷き詰め

「相似な正方形」を使う

　リカージョンを用いた「相似な正方形」のプロシージャを2回（左下と右上から）重ねると方眼が描ける。

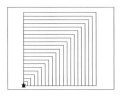 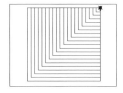

```
手順は 相似な正方形：辺の長さ
ペンをおろす
もし：辺の長さ>400「とまる」
繰り返す4「前へ：辺の長さ
右へ 90」
相似な正方形：辺の長さ＋20
終わり
```

図5.10　相似な正方形のリカージョンによるプロシージャを重ねる

　特に，図5.10にある方法は，筆者もこれまで考えたことがなかったため，学生からアイデアを学ぶことが出来た。このように，同じ問題を解決するにも，いろいろな方法（方略やアルゴリズム）があるということを実感できるという意味で，プログラミングは問題解決方法の多様性を与える。

（4）協調的学習の発生

　学生がLOGOプログラミングによって，自由に算数の提示型教材コンテンツを作成している時，ひとり1台ずつのコンピュータに向かい，それぞれの目的をもっているにもかかわらず，自然発生的な交流や協調的学習が発生する。これは，毎年のことである。教師側は，机間（コンピュータ間）を回り，質問に答えたり，助言を与えたりしている。一人ひとりの学生の質問に付き合っている間は，教員1人では対処できない。学生には，相談しなさいとも，相談していけないとも言っていない。両隣や，背中合わせにコンピュータが配列されているため（黒板面に向かって垂直），回り数人の画像はすぐに見られる。お互いに，うまくいったときは見せ合い，バグが自力で解決できない場合，修正方法を共有しあう。さらには，コンテンツの一部をUSBを介して融通し，隣同士が同じ「貨幣」の画像を使いながらも，それぞれが異なった単元の教材を作成するという現象もしばしば起きた。この不思議とも言え

る，協調的学習現象はなぜ起きるのか。

市川（1994）は，プログラミングには，協同的達成傾向があるとしている。「みんなで協力しあうのは楽しいことである」ということが感じられる状況を作ることも可能であると述べている。これを，「協同的達成傾向」と呼び，自立的思考傾向と必ずしも矛盾するものではなく，「自分の頭で最大限考えたことをもちよることによって，さらにすばらしいものができる」ということであるとしている（市川，1994，p.57）。

Vygotsky の流れを継いだロモフは，「コミュニケーションの役割は，第一に，個人的経験の限界を克服することであり，第二に，コミュニケーションの過程において伝達される情報は，当事者においてつくられ，発展させられ，より正確になるというように，コミュニケーションそのものが耐えざる認識の過程である」としている（高取，1994）。

杉野が授業で3年間にわたり学生にアンケートをした結果からも，この傾向が読み取れる（表5.1）。

アンケートの内容

教材作成の過程で，プログラミングの技術的な疑問はどのように解決しましたか。あてはまるものに○を記入してください。（複数回答可）
・授業で習った命令しか使用しなかったので，問題を感じなかった。
・ウェブ上のマニュアルを自分で見て解決した。
・友人同士で教えあった。
・教員に尋ねた。

表5.1　バグ修正のためのアンケート結果

	2013年（22名）	2014年（29名）	2015年（23名）
問題なし	18%	10%	0%
マニュアル参照	50%	69%	65%
友人	77%	72%	61%
教員	36%	31%	35%

教員がひとりのバグ修正の相談や助言に，数分以上かかる場合もあり，授業内で質問に答えきれないのも実情であるが，やはり，学生同士の教え合いの発生率は高い。また，年々，前年度の秀作コンテンツのプログラミング内容をスクリーンで見せている。一方，ボタン作成など，教員の学生に対する，教材の完成度の要求が上がっているため，「問題なし」と答えるポイントは減少していると考えられる。

　プログラミングの情意面への影響も見逃すことはできない。市川（1994）は，「協同的達成傾向」と同時に「自律的思考傾向」について言及した。教育現場の他の活動と比較したときの特徴として，「自分の頭でじっくり考えなくてはならないこと」，「正しく考えれば，期待どおりの結果が得られること」があり，これは，算数や数学の学習とも似ているとしている。さらに，数値処理ばかりでなく，画面があることにより，おもしろいと感じることができる（市川，1994，p.56）。娘への実践や，学生の教材コンテンツ作成でも，プログラミングは内発的動機付けとなり，成功したときの嬉しさはだれでも感じ，情意面に良い影響をもたらす。バグの修正ができた時の学生の嬉しそうな様子や，思い通りのものが画面で達成できた時の，回りの学生へ見せて喜ぶ姿を，毎年目にしてきた。意欲や情意に対するマイナス面への影響について調べることは，今後の課題とする。

　杉野は，学生へのアンケートで，完成した教材が最初にイメージした教材と比べて変化したかどうかと，変化したと答えた場合には，その要因について尋ねた。その結果は表5.2のとおりである。教員側も年々，学生に対して，ボタンの作成を要求したり，小学校現場の授業で使用した場合のバグが起き

表5.2　教材変化に対するアンケート結果

肯定的反応　アイデアがどんどん出てきて，教材をよりよいものにしようと，変化した。		
2013年　13名（59%）	2014年　12名（41%）	2015年　6名（26%）
否定的反応　プログラミング技術に限界があったため，変化した。		
2013年　5名（23%）	2014年　12名（41%）	2015年　6名（26%）

ないようにしたりと，要求レベルを上げている。その点で，遊びのノイズをとり過ぎ，学生の自由な発想を保障しきれていないのかも知れない。

第2節　遊びを取り入れたプログラミング

(1) 自由描画によって得られること

　算数・数学の授業では，1時間の目標が決まっており，目標に向かって学習が進むように授業が構成される。プログラミングを活用する場合でも，本時の目標達成が第1となることは変わらない。しかしながら，プログラミングでは，自由な活動や遊びを取り入れることで，より深い概念理解やイメージ形成が起きる場合がある。

　杉野（2005）は，娘が小学校2年のとき，長方形のプロシージャの作り方を教えた。長方形の単元は未習であり，「長方形」，「辺」という用語は知らない。そのため，いろいろな長方形に好きな名前を付けさせた。娘は，それを用いて，ロボットを描こうという目標を持ち，必要な長方形の部品をプログラミングによって作成していった。この活動を通して，「ながしかく」にもいろいろな形や大きさや向きがあるという経験をし，自ら，そのサイズを決めることによって，イメージを多様にした。ここでは，自分で，「ロボットを描きたい」という目標を自分で設定していることが，内発的動機付けと

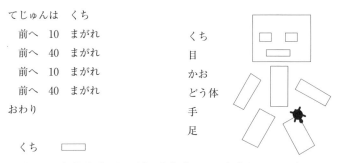

図5.11　各部品プロシージャを作成して，完成させたロボット

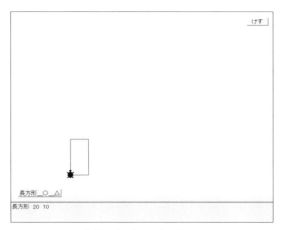

図5.12　2変数長方形・正方形描画コンテンツ

なった。直角も角度も未習であったため,「まがれ」という命で90°タートルが回転する擬似プリミティブを準備しておいた。斜めにタートルを向かせるのは,マウスで操作させた。「くち」を一度プロシージャで作成すれば,何度でも描ける。この時は（年齢的に）,座標や向きなどを教えなかったため各部品を使って構造化するプロシージャ「ロボット」は作成させていない。

杉野（2013a）は,ひとつひとつの長方形の部品をプログラミングで作成するのは時間がかかるため,長方形の多面的イメージを形成するための,2変数入力コンテンツを作成した（図5.12）。低学年で,2変数入力が可能かについては,今後実践で検証したい。このコンテンツは,ボタンをクリックすると,コマンドセンターに,「長方形」とだけ自動で書かれる。続けて,縦と横にあたる2つの数値を決めて,数字キーから入力する。スケールは,いろいろな数値の長方形がかけるように縮めてある。コンテンツの狙いは,長方形を使って遊びを取り入れた自由描画をさせることで,多面的な長方形のイメージを形成させたり,画面上のモデルではあるが,長方形を活用する経験をさせることである。

これに先立って,大学3年生に,授業で長方形の2辺数プロシージャを作

成させた直後に，自由描画をさせてみた（杉野，2010）。学生は，思い思いの絵を描くために，いろいろな長方形を使った。学生がこの課題に取り組んでいる間，筆者は机間を回って観察していた。ある学生に近づいたとき，不思議そうな顔で「先生，正方形って長方形なんですか？」と尋ねてきた。「そうだよ。あなたが作った長方形のプログラムで描けたんだからね」と冷静に応対したが，筆者の心中では「ああ，これが LOGO プログラミングで気づいてほしいことなんだ！」と，ある種の感動を覚えた。子どもを対象にした授業であったならば，ひとりの子どもの発見を教室で共有させたいと思った。その学生は，長方形のイメージを描く事前アンケートには正方形を描いていなかったが，事後アンケートでは描いていた。

　このような単純と思える課題でも，学生は夢中に取り組んでいた。何を描くかを自分で決め，また，「長方形」という限られた道具しか使えないという制約の中で，必死にアイデアを絞った傑作がいくつか描かれ，皆で鑑賞して共有した。小学校の授業で行われる，身の回りから長方形を探す活動とは違って，自分からいろいろな長方形をイメージし，それを画面で実現するという想像的かつ創造的な活動となる。学生は，何かを見てそれを写生して描いているのではない。何かの絵を描こうという動機が，絵といろいろな形や向きの長方形をイメージとして想起させる。絵の中で，自分のイメージした長方形の図を多数使う。また，イメージどおりの形・大きさの長方形になるように，変数に数値を入力し，長方形のサイズの感覚や長辺と短辺の比に対する感覚を働かせることになる。ここに，長方形のプロトタイプからの脱却が試みられる。

　図5.13は，学生の描画の例である。まとまったひとつの物を描いた学生は13名で（アやイのタイプ），5名はデザイン的な図を描いた（ウのタイプ）。また，7名がタートルを回転させる命令を併用して，斜めに長方形を使った（アやウのタイプ）。イは長方形を重ねる見方がされて，独特の作品ともいえる。また，エは地図のような大きいスケールの中に長方形を見いだしている。

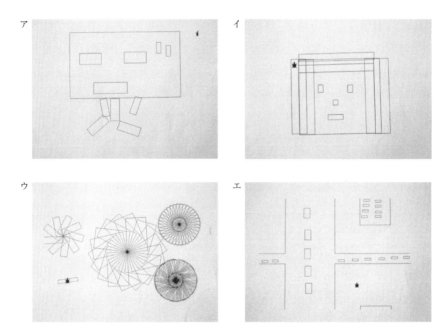

図5.13 大学生が，2変数の長方形プロシージャを使った自由描画

イやエは，視点の面からはおもしろい図と言えよう。

(2) プログラミングにおける遊びについて

　プログラミングによる自由描画は，図形のイメージを多様にし，図形の性質についての発見を促す。自由な遊びを取り入れるのであるが，その日に使用しているコンテンツにある命令以外は使えないという制約がある。これは，あるルールに基づいて，その中で，発想し工夫し，そのアイデアを競うという遊び本来の姿といえる。Huizinga (1973) は，遊びは本来，人間の文化を創るものであり，人間の欲求であることを著している。また，遊びには，ルールがあり，遊びは競う中から，自分を認めてもらいたいという欲求や，競うといっても絶対的な勝ち負けではなく，お互いの工夫を認めあうというの

が本例の姿である。

佐伯（2003, pp. 319-321）は，遊びは学習の本源的態様として，遊びの特徴を3つ挙げている。また，遊びは本来目標を探す営みかもしれないとしている。

①直接的目標を持っていないという点で，「目標達成的」になったとたんに，それはもはや「遊び」といえないものになる。

②「遊び」がつねに何らかの「外界」との接触，とくに「新奇性」や「不可測性」との接触をともなっていることであり，リスクのない遊びもなく，発見のない遊びもありえない。

③このような「新奇性」が，まさに「適度」である，という点で，ある種の制約，ルール，適用範囲が自然に守られており，互いに傷つけることもなく，自らを本当の「危険」にさらすこともまいような配慮と自己制御がきいている。

コンピュータという道具で，同じルールの下で，お互いに競いながらも，認めあえる，自由な遊びでの発見が期待できる。Diens（1963）は，数学的思考における遊びの役割について，『ディーンズ選集　5』において，約50ページを費やして著している。「ゲーム」や「いじくりまわし」の効果について述べ，遊びから，数学的抽象の学習へ移行すること，遊びのノイズを取りすぎないことを指摘している。

杉野が娘に実践した自由描画や，学生に自由に提示型教材のコンテンツを作成させた過程で，彼らは遊びながら，自分の発想をより広げて新しいものを創造したり，また競ったりした（大学生には，完成した教材のコンテンツについて，その意義を説明するプレゼン発表を行うことは伝えてあった）。時間の保障をすれば，児童も遊びながら，自由なプログラミングを通して，発見をしたり，発展的な活動をすることが期待できる。

第3節　第5章のまとめ

　本章では，第1節で，プログラミング活用は，問題解決学習に対して，どのようなよさがあるかについて見てきた。コンピュータによる正確で速い処理により，数多くの帰納的試行が行えることを，正多角形や星型正多角形を描く事例によって示した。どれが正解かということや，どのような正しい図を描くかといったことに対して，帰納的な試行を行うことが出来る。そればかりでなく，言語と比較することによって，図形の性質を発見したり理解したりすることができる。また，帰納的試行の回数を増やせることで，発展的課題に取り組み，より深い理解や一般化した概念の獲得へと向かうことが可能となる。

　数学の問題を解く場合，紙の上の記述だけでは，どこが間違っているのかは自覚しにくい。プログラミングでは，言語で記述した結果としての画面を見ることで，正解か誤り（バグ）があるかが分かる。また，プログラミングでは，バグは度々起きるが，バグ修正欲求が起こり，反省思考が促される。正解か誤りかが問題ではなく，バグが修正可能かどうかが問題となり，自分で修正したいという欲求が起こりやすい。

　さらに，プログラミングでは，同じ結果を画面に表示していても，プログラミング内容はひとつではない。問題解決方法の多様性について，記述されたプログラムから，それぞれの意味を理解することが可能となる。

　以上の問題解決の過程では，ひとりに1台のコンピュータを使って自力解決をしているにもかかわらず，しばしば強調的学習が自然発生することが認められた。お互いに，バグの修正方法を教えあったり，うまく出来たときに見せ合ったりといったことで，情意面へもよい影響を与えた。

　第2節では，遊びを取り入れたプログラミング活動として，いろいろな形や大きさや向きの長方形を使った自由描画から，イメージを多面的にし，図

形感覚を養える例を示した。また，この活動の過程で，正方形との包摂関係に気付く場面も見い出した。コンピュータの画面はモデルではあるものの，学習した「長方形」を活用する場を与えた。こういった自由描画は，多分に遊びの要素を取り入れることで実現される。何を描くのかは全く自由であり，最初に確たる目標があるわけではない。しかし，本時で使用した教材コンテンツを使用するというルールの下で，各自が遊びの中から目標を設定し，工夫をし，発見や発展をさせている。そこには絶対的な勝ち負けではなく，お互いの工夫を認めあるという，本来の遊びの姿が期待できる。プログラミングでは，時間の保障があれば，自由描画や自由なプログラミングといった遊びをさせることは意義がある。

第5章の引用・参考文献

・市川伸一，1994，『コンピュータを教育に活かす』，勁草書房，pp. 47-59.

・佐伯胖，2003，『学びを問い続けて』，小学館，pp. 319-321.

・佐々木正人，1994，『アフォーダンス　―新しい認知の理論―』，岩波書店.

・重松敬一他，2013，「数学教育におけるメタ認知の研究（16）」，『日本数学教育学会第34回数学教育論文発表会論文集』，pp. 373-378.

・杉野裕子，2002，「タートルグラフィクスによる角と角の大きさの理解および探求活動」，『第35回数学教育論文発表会論文集』，日本数学教育学会，pp. 457-462.

・杉野裕子，2005，「Logoプログラミングによって概念の意味と関係を認識する方法　―四角形の構成を通して―」，『第38回数学教育論文発表会論文集』，日本数学教育学会，pp. 571-576.

・杉野裕子，2008，「回転量に関する学習のスパイラルを考慮したカリキュラムの提案　―角度および図形の概念イメージを豊かにするために―」，『第41回数学教育論文発表会論文集』，日本数学教育学会，pp. 417-422.

・杉野裕子，2010，「Logoプログラミングを利用した図形概念の形成に関する研究（Ⅰ）―変数プログラムによる動的イメージと概念定義―」，『第43回数学教育論文発表会論文集』，pp. 603-608.

・杉野裕子，2013a，「算数学習におけるコンピュータプログラミング活用　―長方形概念形成のためのLOGO教材開発―」，『科教研報.27.5』，pp. 43-48.

- 杉野裕子, 2014c,「LOGO による正方形・正三角形をもとにした『家』描画プログラミングの実際 ―「図形の傾き」の概念に焦点を当てて―」,『科学教育会年会論文集38』, pp. 395-396.
- 杉野裕子, 2014a,「数学概念形成のための LOGO プログラミングコンテンツの開発 ―図形概念のイメージ化と言語化―」,『愛知教育大学大学院・静岡大学大学院共同教科開発学専攻, 教科開発学論集第 2 号』pp. 95-106.
- 高取憲一郎, 1994,『ヴィゴツキー・ピアジェと活動理論の展開』, 法政出版, pp. 24-25.
- Diens, 1977, 吉田幸作, 赤轟也訳,『ディーンズ選集 5 算数・数学の実験的研究』, 新数社, p. 56.
- Huizinga, 1938, 高橋英夫訳1973,『ホモ・ルーデンス』, 中公文庫.
- Papert S. (奥村喜世子訳), 1980 (1982邦訳),『マインドストーム』, 未來社, pp. 30-47.

- Pimm D., 1995, "Symbols and meanings in school mathematics", ROUTLEDGE, p. 48, p. 57.

〈小学校検定教科書：平成10年学習指導要領準拠〉
- 『わくわく算数』 4 年用, 啓林館.

第6章 プログラミング活用環境下の授業における
図形概念形成

　本章では，第4章で挙げた，開発したプログラミング用コンテンツを使用して，小学校の5年生と6年生に授業実践をした実際について著す。これまで，子どもに対しては個別に，授業としては大学3年生にLOGOプログラミングを教えてきたが，普段の小学校の授業の中に位置づけることの可能性と有効性について，質的検証をする。

　学校のコンピュータ室へのLOGOインストールから始まり，担任教諭へのLOGO理解および授業に組み込むための教材研究ならびに授業構成という準備期間を含めると，実質2年しかなかった。しかし，その間，2校の小学校において，3名の担任教諭によるプログラミング活用授業が実現し，1名のベテラン教諭による授業指導も受けることが出来た。杉野が直接児童にプログラミングを教える授業では，単元に関係する既習内容の課題をプログラミングさせ，それに続いて担任教諭が単元内課題あるいは，発展課題をプログラミング活用によって教えた。協力教諭の担当学年が，偶然5年と6年に集中したことから，同じ単元や内容の授業をそれぞれ2回以上実施することができ，その間，PDCAサイクルを通したコンテンツの改良や授業構成の改良が実現した。合計21時間で，主に5年の「正多角形」と6年の「図形の拡大・縮小」単元での実施となった。既習内容のプログラミングによって，プログラミングそのものに対する児童の姿をみたり，既習内容と単元で学習する内容とのつながりをプログラミングで実感させたりすることを試みた。また，「平行四辺形の隣り合う角が補角になる」という未習内容に対して，児童がどのように解決をしていくかという検証もした。本研究の基盤として挙げた，第3章の，「プログラミング形態」からの，「川嵜の図形概念の理解

の様相モデル」に対して，児童が様相モデルのどの段階にあるのかについて
特定した。プログラミングによるイメージや言語のとらえを，児童の実際の
姿から特定することが，本章の最大の目的である。これを，授業プロトコ
ル・児童のプログラム・アンケート等から明らかにしていく。

実際に児童に使用させたコンテンツは，作成時期順に以下の4点である。

A：多角形描画コンテンツ　　　　　　　　　　　　（図4.5）

B：50音ボタン多角形プログラミング用コンテンツ　50音は不要→Dへ改良

C：画面2分割多角形描画コンテンツ　　　　　　　（図4.8）

D：多角形プログラミング用コンテンツ〈完成版〉・〈変数版〉（図4.9，図4.12）

各コンテンツは，課題に応じて，スケールを変えたり，描き始めの位置や向
きを変えたり，担任教諭の要望を取り入れて，そのための命令ボタンを追加
したりした。

合計21時間は5タームからなる。各タームとも，1日に連続2時間で，2
日に分けた（最終日のみ延長して連続3時間になった）。各タームにおける2日
の間には数日の間隔をおき，担任教諭とコンテンツや授業構成の練り直しを
した。この間に，コンテンツの修正や開発も行った。授業の内訳を表6.1に
示す（A，B，C，Dはコンテンツ）。

A小学校の担任教諭は，2人とも5年から6年に持ち上がったが，児童は
クラス替えにより，6年でもプログラミング初体験者が半数以上を占めた。
比較的落ち着いた子ども達であった。B小学校の児童は大変元気がよく，ま
た集中して授業に取り組まない実情があった。しかしながら，プログラミン
グの授業では，全員が取り組んだ。K教諭は新任5・6年目である。N教諭
は中堅である。Y教諭はベテランである。3名とも，LOGOプログラミン
グは初めてであった。授業はいずれもコンピュータ教室で，児童1人1台を
使用し，必要に応じて前面スクリーンで教師パソコンや児童の画面を提示し
た。

授業計画と授業構成，記録，および検討協議と後に続く授業構成は，4者

第 6 章　プログラミング活用環境下の授業における図形概念形成　　163

表6.1　授業の内訳

授業内容		小学校	授業者	児童のプログラミング
5 年「正多角形」　　　　2014年 2 月				
①正方形，正三角形描画，プロシージャ	A	愛知県	杉野	全員初体験（25名）
②図形を合成した「家」のプロシージャ	A	豊田市立	杉野	
③正三角形の合成による正六角形のプロシージャ	B	A小学校	K教諭	
④辺と角による正六角形のプロシージャ	B		K教諭	
6 年「図形の拡大・縮小」　　2014年 7 月				
⑤長方形描画から平行四辺形描画へ	C	愛知県	杉野	2/3 初体験（25名）
⑥平行四辺形のプロシージャ	C	豊田市立	杉野	
⑦平行四辺形の拡大・縮小プログラミング	C	A小学校	K教諭	
⑧縮小ゲーム	A		K教諭	
5 年「正多角形」　　　　2015年 2 月				
⑨正方形，正三角形描画，正五角形描画	AC		杉野	全員初体験（25名）
⑩正方形，正三角形，正五角形プロシージャ	D	愛知県	杉野	
⑪正三角形の合成による正六角形のプロシージャ	D	豊田市立A小学校	N教諭	
⑫変数を用いた，正方形や正三角形のプロシージャ	D		N教諭	
6 年「図形の拡大・縮小」　2015年 2 ，3 月				
⑬正方形，正三角形の描画，正五角形描画	AC		杉野	全員初体験（23名）
⑭正方形，正三角形のプロシージャから正六角形のプロシージャへ	D	三重県松阪市立B小学校	杉野	
⑮長方形描画から平行四辺形描画へ	C		Y教諭	
⑯平行四辺形の拡大縮小ゲーム	CD		Y教諭	
6 年「図形の拡大・縮小」　2015年 6 月				
⑰長方形描画から平行四辺形描画へ	C		杉野	1/2 初体験（38名）
⑱平行四辺形の拡大縮小描画	C	愛知県	N教諭	
⑲正三角形のプロシージャから，変数を用いたプロシージャへ	D	豊田市立A小学校	杉野	
⑳平行四辺形を自由な倍率で拡大する，変数を用いたプロシージャ	D		N教諭	
㉑縮小ゲーム	D		N教諭	

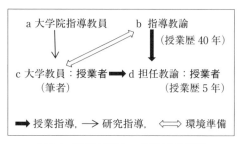

図6.1 研究に関わった教員の体制

によって行った（図6.1）。事前の計画は，acおよびbcdによる。授業日の記録とその直後検討は，abcd，後日のデータ整理と検討は，bcdとbdとacによる。

第1節では，5年「正多角形」単元において，主に既習内容のプログラミングと発展的内容として，教科書にはない正六角形の描き方をプログラミングする課題で検証をした。また，変数を用いたプロシージャの作成と，それを用いた描画について調べた。

第2節では，6年「図形の拡大・縮小」単元において，単元内にプログラミングを位置づけた。プログラミングによって，拡大・縮小のイメージを多様にすることを目的とした。単元の終わりでは，教科書にはない，プログラミングによる方法での拡大・縮小を試みて検証をした。

第3節では，6年生に，小学校では学習しない，「平行四辺形の隣り合う角」についてプログラミングをさせ，どのような方法で問題解決をするのかについて，検証をした。

実際の授業構成（学習指導案作成）に当たっては，普段の算数の授業にプログラミングを取り入れることを目的としたため，以下のことに留意した。

① LOGOプログラミングが有効であると思われる単元で活用する。
② 1時間の授業時間を全てプログラミングに充てるのではなく，従来の授業形態に取り入れる。従って，板書や，ノート・ワークシートに記入す

ることも行う。

③一斉形態で課題把握を行う。必要に応じて教師がプログラミングを見せる。

④個別探求する場面では，1人1台のコンピュータを使用させる。

⑤個別探求の後では，一斉形態でプログラムや画像をお互いに共有する。

⑥一斉形態で，お互いのプログラムや画像をもとに，本時の目標へ集約する練り上げの場を設ける。

⑦担任教諭による指導を行う。

⑧学年が上がっても継続する。

　以上は，通常の指導で行われている問題解決型学習とも言える。特に，プログラミングで大切にしたいことは，④の個別探求の保障と，⑥の練り上げにおける共有である。④では，これまで見てきたように，個別探求において，独自のアイデアによる解決や，デバグが行われる。また，時間の保障をすれば，発展やオープンエンドなアプローチが発生する。さらに，⑥では，お互いのアイデアを共有したり，練り上げによって授業目標へと接近させる。練り上げは，自己の思考を単に伝達するという行為ではなく，思考過程を意識化するために，言語や記号による，適切な記号化を行う場となる。また同時に，言語的思考はより強く社会化される傾向をもつ。(Skemp, 1971)。プログラミングは，記述言語で行うものであるが，練り上げにおいては，発話（声）による対話を前提にしており，対話によるコミュニケーションの役割が期待できる。チョムスキー（1972）によれば，「話すということは，かつて耳に入ったのと同じことばを繰り返すことではなく，それぞれの目的のために適当な他のことばを発することである」。すなわち，それぞれの発話者が，意味をもって，交流をしているということであり，共有には発話が大きな役割を果たす。また⑦は，特別な訓練を受けていない教諭でもできることを保障する。⑧は，子どもの学習の振り返りの面で有用であり，プログラミングが既習事項を積み上げていけるものであることを示そうとするものであ

166

る。最も重要なことは，プログラミングは目標ではなく，授業目標のために
プログラミングを手段として活用することである。

第1節　5年「正多角形」での事例：
既習内容と発展課題のプログラミング

（1）授業概要

　この授業実践は，3クラスにおいて実施することができた。単元として実
施したのは，5年での2014年2月実践と，2015年2月実践である。6年での
実践の導入でプログラミングを教える場合も，正三角形や正方形で導入をし，
正五角形や正六角形へと，プログラミングによる方法で発展させた。ここで
は，5年の実践に絞って見ていく。

　第1日目に当たる初めての授業実践では，1時間目に，正方形と正三角形
の描画でプログラミングを教え，プロシージャにした。2時間目でこれらの
プロシージャを使って，構造化プロシージャである「家」を作成した。プロ
シージャ作成用のコンテンツがなかったため，児童はキーボードから入力し，
時間がかかったにもかかわらず，粘り強く取り組んでいた。この反省から，
7月実践までに，プロシージャ作成用コンテンツを開発した。

　数日おいて，担任教諭によって，「正多角形」単元の終わりの発展課題と
して，プログラミングを活用した2通りの方法を，それぞれ1時間ずつ使っ
て正六角形の作図をした。

　教科書での正六角形の作図方法
　　・円を描き，中心角を6等分（60°ずつ）する。半径と円周の交点を結ぶ。

　LOGOプログラミングによる作図方法（2通り）
　　・第1日目で作成した正三角形のプロシージャを用いて，正三角形6個で
　　　合成する。

第 6 章　プログラミング活用環境下の授業における図形概念形成　　167

・正六角形を，辺の長さと角の大きさの命令を用いて構成する。

　プログラミングによる１つめの方法に関しては，教科書の方法の中でも，正六角形が６分割され，正三角形６個で構成されている図が載っているため，児童も気がつくであろうと判断した。「右へ　○」，「左へ　○」というボタンもコンテンツに用意した。担任教諭は，授業の導入で，亀になったつもりで，言われた数値だけ体の向きを変える練習をさせた（コンピュータ室の椅子が丸椅子で，回転ができた）。この方法のよい点は，図形の合成や分解の見方が養えることである。

　２つ目の方法に関しても，正三角形の内角が２つで正六角形の内角になっていることから，児童も気がつくであろうと予想した。この方法のよいところは，正六角形の辺の大きさと角の大きさを決めてプロシージャを作成するため，言語面から，辺の長さが全部同じことと，角の大きさも全部同じで120°であると理解できることである。教科書の作図方法では，これらは意識されず曖昧になりがちである。また，担任教諭からの感想として，定規とコンパスでの作図は非常に時間がかかり，正確に描けない児童もいて大変であるということであった。定規とコンパスでの作図技能を養うことも必要であり，実際にやらせなければならない。しかしながら，いくつも図を描いたり，正六角形から発展させて，いろいろな正多角形を描いたりする場合には，コンピュータの方が，正確な作図ができる帰納的な道具として適している。

　２回目の実践は，１年後に別のクラスで行ったが，コンテンツの改良により，入力に時間がかからなくなったため，変数を用いたプロシージャも教えることができた。児童は，変数については，○や□などで学習している。

　３回目の実践は，元気の良いクラスで，普段３名の児童が教室を飛び出しがちであった。しかし，プログラミングの授業では，外に出ることなく，うち１人の児童が，正三角形と正方形のプログラムを比較した場合の言語面の違いについて挙手をし発言した。また，教え合いや，能力に応じた個別の探求が行われた。

168

表6.2　授業の冒頭のプロトコル　　児童の興味と集中

T	画面に何が出てきましたか？
C	かめ。かめ。
T	かめは，タートルといいます。（板書）
C	知ってる。英語，習ってる。
T	このかめ，結構いうこときいてくれます。
C	まじ？
T	どういう風にするかというと，先生がやってみるから，ちょっと見ていて下さい。
C	面白そう。
T	先生は，皆がやりやすいように，ここにボタンを作ってきました。「辺は」「角度は」，この２つで，タートルがどんな動きをするか画面を見てみましょう。…「辺は　３」，「角度は　90」を，説明しながらやって見せる（図7.1）…
T	ピョッと進んだ。ちょっと変わりましたね。
C	あー。

　授業冒頭のプロトコルが表6.2であり，"かめ"に対する親しみが見られる。「面白そう」という言葉が出ている。また，タートルが進んだときに，「あー」とい声が出ている。やってみたい，やらせてもらえるという保障から，プログラミング方法の説明を集中して聞いた。前面スクリーンで説明し，児童のコンピュータでは，まだ見せていない。

表6.3　予測によるイメージ化と，完成への見通し

T	つぎ，先生はどんな命令を，何の図形をかくと思いますか。
C	正方形。長方形。
T	実は，長方形にしようかなと思ったけど，今日は正方形をとりあげようと思います。
T	どんな命令をするといいですか。
C	辺は３。
T	続きかけそう？ （児童がやりたそうな様子を確認して，）
T	今からやります。辺の長さは３じゃなくてもいいです。残念ながら10だとはみ出す。 10より小さい数でかいてみてください。 （「けす」ボタンの説明をする。）
T	はい。始め。

いきなり課題を与えないで，何を描こうとしているか予測させることで，結果である図形のイメージを持たせた。また，自分でやれそうという見通しを持たせた（図6.2）。この後，画面からはみ出さないよう，1辺の長さを1～9までの好きな値にして描くよう指示をし各自のパソコンで取り組ませた。約3分で，全員が各自のパソコンに正方形を描いた。

　本実践の最大の特徴は，教科書にない方法で，正六角形を構成することである。その2つの方法について挙げる。

<u>正三角形で正六角形を構成する方法</u>

　図6.3のように，正三角形のプロシージャを使用した構造化プログラミングによって，正六角形のプロシージャを作成した。担任教諭は，正六角形について学んだばかりの児童に，いきなり作成させるのは難しいと判断し，授業の冒頭で，図6.3にある，図の部分だけをスクリーンで見せた。そして，「三角形が6つある」ということを見つけさせ，これまで作成したプロシージャで，何が使えそうかと発問をし，丁寧な授業展開をした。次に，図6.4

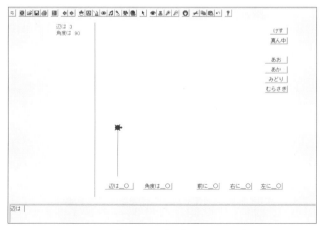

図6.2 「辺は　3」，「角度は　90」

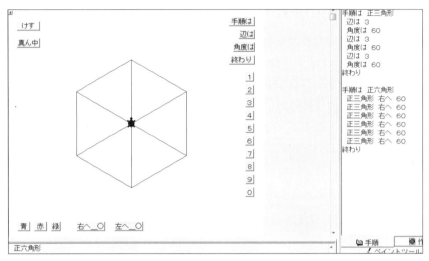

図6.3　正三角形を回転させて，6個で正六角形を構成する

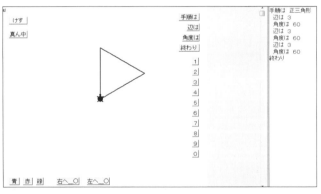

図6.4　正三角形を真ん中から1つだけ描いた図

を見せ，この後どうしたらよいかの見通しを持たせてから，プロシージャ作成にとりかからせた。

第 6 章　プログラミング活用環境下の授業における図形概念形成　　171

表6.4　正六角形をプログラミングした時のつぶやき

C　やったー。できたー。
C　先生できました。
C　確認してもいいですか？（プロシージャの実行）
C　あー。分った。
C　おかしい。壊れてるよ。
C　出来た。立体正方形。
C　あー。止まっちゃった（一斉形態にしたときにブロックをかけたため）。

　正六角形が完成する過程で児童から出たつぶやきを表6.4に示す。

　このプロシージャ作成は，ほとんどの児童が出来るまで，20分弱を充てた。授業終了まで10分であったので，一斉形態に戻して，気付いたことを発表させた。表6.5は，その時の発言である。

　残りの時間で，再度完成していない児童に取り組ませた。授業終了時には全員が完成したが，かかる時間の個人差が大きかった。この活動は，イメージは様相ⅢからⅣへ向かい，言語は様相Ⅳでの活動となる。また，正三角形と正六角形の関係に気付けるという点で，様相Ⅴへの準備となる。

<u>正六角形の辺の長さと角の大きさを指定して構成する方法</u>

　教師は導入で，前時で，構成した正六角形を見せ，赤でタートルが外の軌跡を描く動画を見せた（図6.5）。表6.6は，その時のつぶやきである。

表6.5　正六角形描画後の練り上げ場面における発言

C　「正三角形」「角度は　60」（最初に何を入力したかの教師の発問に対して）
C　また「正三角形」
C　「正三角形」と「右に　60」が交互です。
C　交互に 6 回。
C　ノートで描いたときは，円を描いてから，描いたんだけど，パソコンではそのまま一気に描いてる。
C　測って。真ん中かなあ（分度器で測ったことを思い出させた）。
C　私は，「左に　60」でやりました。

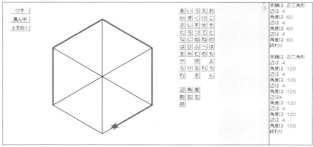

図6.5 授業の導入場面 赤のタートルが正六角形の外側を動く

表6.6 授業の導入時でのつぶやき

C おー。かめー。
C なんで赤になってるの。
C 区切られてないやつ。
C 使わずにやるの？ → T そうです
めあて「正三角形を使わずに正六角形を作ろう」を板書

　次に，最初のタートルの位置が左下で，向きは上であることを言わせてから，ワークシートに入力するプロシージャを記入させた。画面からはみ出さないように，辺の長さは4に指定した。プロシージャ作成には約15分を充てた。答え合わせ（すなわち，プロシージャを実際に「正六角形」と命令して動かすこと）は，常に，全員一斉に行わせた。その間，出来た児童による教え合い

第6章　プログラミング活用環境下の授業における図形概念形成　　173

なども発生した。ほとんどの児童が完成させた。授業の終わりで，一斉に戻
し，正六角形の内角が120°であることや，辺と角の数が6であることを，言
語と図の両方から確認させることが出来た。言語面での様相Ⅳの活動である。
内角が120°であることは，はっきりと押さえていない教科書の方が多い。こ
の授業では，時間の都合上出来なかったが，さらになぜ内角が120°であるの
かを考えたり，他の多角形の探求をする中から，児童はいろいろな発見をす
ると思われる。今回の検証では，正六角形の見方や描き方がいろいろあると
いうことを児童が理解できたのも LOGO による描画の成果である。学習感
想にも，いろいろな方法があることが分ったことや，楽しんで取り組んだ様
子が書かれていた。

（2）イメージを豊かにする活動

　自分が描いた正方形以外の，色々な辺の長さの正方形を見ることによって，
イメージを広げさせた。これは，川嵜の様相Ⅱから Ⅲ（多面的イメージ）へ向
かう活動となる。

　正方形の単元内であれば，各自スクリーンにいろいろな大きさの正方形を
描く活動をすることも意義がある。しかし，この時間の目標は違うため，他
の児童のスクリーンを観察させた。予想より大きいものや小さいものに対す
る驚きの声が上がった（表6.7）。初めてであったため，実際の画面を見合っ
て確認させた。次時からは，児童のパソコン画面を前面スクリーン（最大25
画面表示可能）で提示して共有させた。

　正方形と正三角形のプロシージャを作成させた後，6限目では，「家」の
構造化プロシージャ作成に取り組ませた。まず前面スクリーンで，「正方形」
と「正三角形」を同じ位置から描いて見せただけで，児童から「お家。ハウ
ス」という声が上がった（図6.6，ア）。タートルを移動させるための「前へ
○」と，回転させるための，「右へ　○」を組み合わせて，家を描くプロシ
ージャ作成に取り組ませた。

表6.7 多面的イメージを養う活動

```
T  じゃあね。どの辺の長さでかいたか教えて。
T  9でやった人手を挙げて。（挙手　数名）
T  8でやった人。　いないの！
T  7，6，5，4，3，2，1（各数名。5は多数。）
T  全員立ちましょう。時計と同じ向きで，ぐるぐるっと回りましょう。（グルー
   プの，他の児童が書いた画面を見させる。）
C  なんだこりゃ。ちっちゃい！
T  席に座ってください。
T  いま，友達の作ったの見て，自分のと比べて，どんなことに気づいた？
C  みんなでかかった。
T  みんなでかかったね。君，小さかったの？
   いくつ？
C  5。
T  5。5で小さかったの？
C  1の正方形。かわいいの出来てた。
C  みんな超でかかった。
```

大学3年生とは違い，20分間で，「家」のプロシージャが完成した児童は13名であった。この中には，試行錯誤の末に完成した者も含まれる。図6.6のイやウを代表とする，正三角形の回転にバグがある者は9名いたが，誤答の回転数値は様々であった。長さや位置に関するバグは4名。「正方形」の

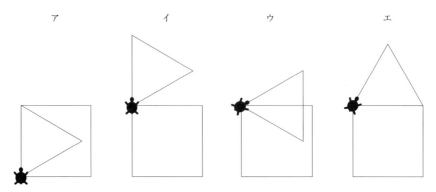

図6.6　「家」の例（再掲）

み使ったが，「正三角形」のプロシージャを使わないで，屋根部分は1から
描こうとして失敗した者が2名いた。バグがあっても印刷をするように指示
をした。児童は，「屋根がはがれたー」，「おれの，家じゃない」と言いつつ
も，失敗も楽しんでいた。また，時間に余裕があった児童は，煙突（長方形）
や窓（正方形や長方形）を描き加えたり，「家」のプロシージャを回転させた
模様を楽しんで作成した。この活動は，正三角形の向きについて，多面的イ
メージを形成する，様相IIIの活動である。

表6.8　図形の性質の確認と，既習事項がどこで使われているのかの気付き

C　そこのさ。あのやつを見てもさ。角度は60°ってのが3つあるからさ。それを
　　全部あわせたら180°になる。
C　三角形の和は全て180°
T　おー。角度の和は。もう勉強しているもんね。だから，60°が3つで，60＋60
　　＋60で
C　60×3
T　賢い。60×3って。180って。なってるなーって確認ができたそうです。
T　これ，さっきの正方形のプログラムの時にはどうなってた？　ちょっと違う。
　　あれは？
C　90×4。360。
T　うん。四角形360でよかったっけ？
C　はい。

（3）言語の意味の確認とプロシージャ作成

言語からは，「辺は9」と「角度が 90」が交互に現れていることや，「9，90，9，90……」と繰り返されていること，および，「正方形の角度は全て90°であるから全部90」という，言語の意味の確認をした。続いて，正三角形を描画し，言語の意味を確認した（表6.8）。これらは，川嵜の様相Ⅳ（定義や性質の確認）の活動である。

この後，正三角形のプロシージャ作成と正方形のプロシージャ作成を行った（表6.9）。図形を描く一連の命令をプロシージャにし，新しい「言葉（言語)」を "タートル" に教える。このことは，活動の一連が一語で表現されるとともに，言葉が表す概念の意味の理解や確認となる。長い説明にもかかわらず，次は自分がやるという保障から，児童は真剣に聴いていた。このような姿は普段なかなかみられないと，担任教諭の言葉である。

図形を描く一連の命令をプロシージャにし，新しい「言葉（言語)」を

表6.9　プロシージャの作成

T	今からね。このタートルをもっと賢くするために，タートルの脳みそ。ここです。(スクリーンの手順エリアを指す。) 右側の縦長の四角の中。これがタートルの脳にあたります。ここの中に覚えさせます。そうすると，このタートル，すごく賢くなります。
T	覚えさすにはね。言葉を入れないといけない。左側に三角形のプログラム（こういうのプログラムっていう）出てますから，三角形から描いていきましょう。
T	まだ打たないでね。画面を見ていて下さい。
T	脳みその中に最初に書く言葉があります。それはね。「てじゅんは」と書きます。(板書する) てじゅん　という言葉知ってる人？ …以下，正三角形の手順を作成させる。…
T	では，だいたい出来たと思います。じゃ，本当に今，タートルが賢くなったかどうか，確かめます。それはね。下のさっき命令したところからやってみますが，最初にじゃあ，「けす」で画面を消しておきましょう。
T	下の命令のところに，さっきみたいに，何個も命令を打たなくても，新しい言葉。「正三角形」っていう言葉をいま覚えたから，「正三角形」ってだけ打てば大丈夫ですね。なので「正三角形」って打って下さい。コピーしてもいいです。
T	入れたら，リターンキーを押して確かめてみましょう。
C	お。すげー。
C	全自動！

"タートル"に教える。活動の一連が一語で表現されるとともに，図形の性質の理解や定義の必要性へと向かい，川嵜の様相Ⅳを強化する活動となる。

児童からは，「全自動」という言葉が出た。まさしく，コンピュータによる全自動化である。全自動であるから，正三角形は手書きのときのように，1から描く必要がない。プログラミングでの活動において，「正三角形」をどんどん使用することができる。同時に，概念が，一連の手続きやシェマなどを1語で表し，また，数学学習では，「正三角形」という言葉の中に，その意味としての定義や性質，あるいは形も含まれるということの理解へとつながる。

（4）個別探求と協調的学習の発生

最初の授業で初めて正方形を各自成功させた後，児童のパソコンにシャッターをかけ，前面のスクリーンへ向かせた。自分の画面で成功していると，児童は自信を持って他者へ教えようとする。教師のタートルへも教えようとする活動となった（表6.10）。

また，大学生の教材コンテンツ作成と同じように，自力解決場面でも，教えあい・学び合いが，どの授業でも自然発生的に起きていた。各自1台ずつにコンピュータがあることによって，個人差に応じた取り組みができるとともに，出来た児童は，出来た喜びを素直に表現し，予想外の図が描けたときも，回りの児童や教師に見せた。また，方法が分らない場合は，成功した児童のプログラムを見せてもらったり，成功した児童が教えたりしていた。特に，普段集中が難しい学級でも，最低限，教師から示された課題はやろうと必死になり，友人のパソコンを覗き込む姿が多くみられた。また，時間が来てシャッターをかけようとすると，「あと少し。待って！」という言葉が，どの授業でも出ていた。

個別に探求できることで，児童の学力に差があった授業⑭では，正六角形を辺と角で構成するプロシージャ作成には，見せてもらったり教えてもらっ

たりはしたが，どの児童も取り組んだ。特に学力の高い児童は，教師が何も

表6.10　一辺の長さが3の正方形の完成へ

T	先生も続きを描きたいから教えて。 （スクリーンの正方形の続きの命令を，児童が言ったとおりに入力する。）
T	これでおしまい？にした人。タートルを最初と同じ向きにしてね。「角度は90」と入れましょう。
T	はい。こんなふうにかけましたか？

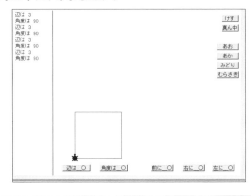

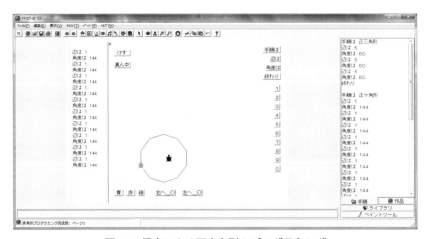

図6.7　児童による正十角形のプログラミング

第6章　プログラミング活用環境下の授業における図形概念形成　179

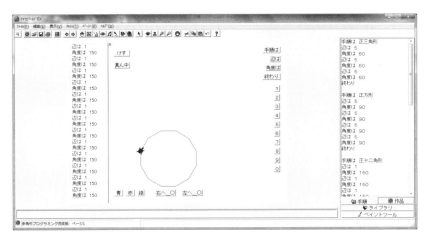

図6.8　児童による正十二角形のプログラミング

指示しなくとも，発展としての探求活動を行い，正十角形や正十二角形などのプロシージャを作成していた（図6.7, 図6.8）。このように，プログラミング活動では，協調的学習も個人差に応じた学習も，同時に起き，お互いが高めあえるという特徴をもつ。

（5）メタ認知と情意

初めてタートルを使って，各自で正方形を描いているときの，児童から出たつぶやきを載せる（表6.11）。このとき教師は机間指導をしていた。もっとつぶやきはあったであろうが，拾えただけでもいくつもある。普段の授業でもつぶやきは出るが，本時ではかなり素直なつぶやきがある。しかも，これらのつぶやきの特徴として，「かめにやらせている」，「かめさんやってね」という思いが込められている。命令しているのは自分であるにもかかわらず，やってくれるのはタートルであり，自己とタートルの分離化によるメタ認知が働いている。

また，ほとんどのつぶやきが，活動に対して意欲的に集中している様子を

180

表6.11　メタ認知と情意に関するつぶやき

C　お〜！　すげ〜！
C　かめさん。いけー！
C　きゅうー！
C　わーっ！
C　おもかじいっぱーい。
C　出来たよ。出来た。
C　かめちゃん。変な…。
C　9かけた。すごくでっかいのが。
C　おもしろーい。
C　全速。前進！
C　はあ〜。

表している。「かめ」に対しての親しみがあり，自分の命令をやってくれる
存在として頼りとしており，自分ひとりでやっているのではないという安心
感による情意面へのプラス効果が現れている。また，「家」の描画で成功で
きなかった時，「かめ」を恨むのでははく，失敗した「かめ」（実は自分であ
るが）と一緒に，失敗を笑い飛ばし，他の児童に「こんなのになっちゃった
ー」と見せていた。この点でも，失敗を恐れるのではなく，むしろ楽しみな
がらバグを修正していく，意欲へとつながる情意面のよさが見られた。また，
「家」は成功しなかったけれど，代わりに描けた図がおもしろい形の場合，
そこからも新たな発見や探求へ進む児童もいた。

第6章 プログラミング活用環境下の授業における図形概念形成　181

(6) 回転概念に関するアンケートの結果

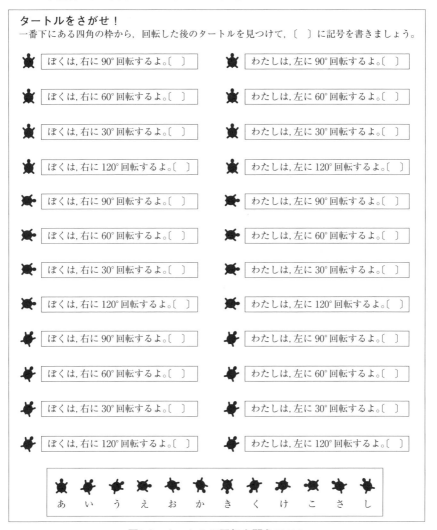

図6.9　タートルの回転を問うテスト

テストでは，タートルの最初の向きを，上向き，右向き，斜めからスタートして調べた．左，左斜めからの問題は，問題数が多くなりすぎることもあ

表6.12　2014年2月実施回転を問うテストの結果

5年1組《26名》LOGO プログラミング　事前

	上からスタート		右からスタート		斜めからスタート		正答合計	
	右に	左に	右に	左に	右に	左に	右に	左に
90度回転	22	14	17	7	7	5	46	26
60度回転	17	9	13	5	2	4	32	18
30度回転	18	9	14	5	6	3	38	17
120度回転	14	3	8	5	4	2	26	10

・90度回転はできている子が多い。
・斜めからのスタートが弱い。
・スタートを明確にしないまま答えている子もいる。
・30度と60度の違いが明確でない。

5年1組《26名》LOGO プログラミング　事後

	上からスタート		右からスタート		斜めからスタート		正答合計	
	右に	左に	右に	左に	右に	左に	右に	左に
90度回転	25	24	18	11	6	5	49	40
60度回転	23	18	15	8	6	3	44	29
30度回転	23	17	13	9	5	5	41	31
120度回転	15	10	7	2	5	3	27	15

・斜めからのスタートが難しい。
・スタートの位置を間違って答えている子はいない。
・30度と60度の違いが分かりにくいようだ。

5年3組《25名》統制群

	上からスタート		右からスタート		斜めからスタート		正答合計	
	右に	左に	右に	左に	右に	左に	右に	左に
90度回転	23	14	14	5	5	0	42	19
60度回転	18	8	8	3	2	0	28	11
30度回転	19	6	5	4	3	0	27	10
120度回転	11	1	8	1	5	0	24	2

・スタートの位置を無視して答えている子が数名いる。
・左に回転が手つかずの子が多い。
・90度回転はよく理解しているが、斜めからのスタートが難しい。

り，今回は省いた。

もともと左回転が弱い傾向にある。右回転は，時計の針などで見慣れているからであると思われる。授業は4時間行っただけであるが，LOGOプログラミングをした5年1組事後では，弱かった左回転の正答者が増加している。これは，「角度は　○」が，左回転でタートルが動くことも要因の1つであると考えられる。

第2節　6年「図形の拡大・縮小」での事例：
単元内でのプログラミング

（1）授業概要

この授業実践は，3クラスにおいて実施することが出来た。教科書では，まず最初に，同じ形の2つの図形の性質を次のように載せている（啓林館教科書より）。

> 形の同じ2つの図形では，次のようになっています。
> ・対応する直線の長さの比はすべて等しい。
> ・対応する角の大きさはそれぞれ等しい。

この後実際に，教科書に書かれた2つの図形の辺の長さや角の大きさを定規や分度器で測って調べる。辺の比の性質については，理解がかなり難しいと予想される。また，教科書では，続いて，拡大図や縮図の描き方を教えている。方法として，以下の3通りを使う。

　ア．方眼を使って，ます目を数えて，頂点をきめる。または，拡大・縮小
　　　方眼を使用する。

　イ．三角形を，その決定条件だけを測り，拡大図や縮図を描く。

　ウ．1つの頂点から，各頂点に直線を引き，直線上に拡大図や縮図の頂点
　　　を取って結ぶ。

これら 3 通りの方法で拡大図や縮図は描けるが，角の大きさがすべて等しいということも，辺の比がすべて等しいということも使わずに描くことになる。教師は描けた後で，定規や分度器で確かめさせるかもしれないが，結果の図を測っての確認となり，児童の概念形成に対しては，納得として弱い。この点に関して，LOGO プログラミングでは，全ての辺の長さと角の大きさを決めて描画するため，拡大図と縮図の性質の理解や，イメージ形成に寄与できることについて，授業検証した。

1 つめのクラスでは，プログラミングによる描画を，単元の終わりに発展課題として扱った（授業⑦，⑧）。2 つめのクラスでは，時期がずれていたことから，単元終了の数ヶ月後にトピック教材的に扱った（授業⑯）。3 つめのクラスでは，担任教諭の要望があり，単元の中に位置づけた（授業⑱，⑳，㉑）。授業⑱では，平行四辺形をプログラミングで拡大・縮小をする経験によって，拡大・縮小のイメージを形成させてから，教科書にある方法で作図させたいという担任教諭の意図があった。また授業⑳では，初めて，任意に拡大できる変数を用いたプロシージャの作成をさせた。前年度にはなかったプロシージャ作成用コンテンツ（D）により実現した。このプログラミングによって，全ての辺を同じ倍率にするということが，統合されると考えた。また授業㉑では，縮少ゲームをご褒美として最後にやらせたいという担任教諭の思いを尊重した。変数を用いた拡大・縮小プロシージャ作成の前の方が配置としては適切であろう。

先に杉野によって，正三角形，正方形，平行四辺形の描画のプログラミングを教える授業を行った。平行四辺形の隣り合う角の性質について理解した後，画面 2 分割コンテンツを用いて，上方に「辺は　○」と「角度は　○」の命令で，自由な形の平行四辺形を描かせた。続いて下方に，2 倍の拡大図を描かせた（図6.10）。

この活動のよいところは，全ての辺の長さと角の大きさについて，画面の上半分に描いた図形と言語を見ながら，画面の下半分で，角度は変えないで，

第6章 プログラミング活用環境下の授業における図形概念形成　185

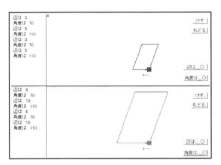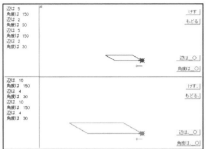

図6.10　平行四辺形を2倍に拡大した言語と図

辺の長さを実際に2倍にして入力しないと，拡大図が描けないということが実際に経験できることである。また，描いた図の上下を見比べて，実際の2倍のイメージを持つことができる。加えて，38名の児童が作成したいろいろな平行四辺形とその2倍拡大図を前面スクリーンに映したことで，平行四辺形とそれを拡大した多面的なイメージを形成し，統合的なイメージを形成するきっかけを作った。この活動は，言語面では様相Ⅳの活動であり，イメージ面では，様相Ⅲから様相Ⅳへ向かう活動となる。一般には，川嵜のモデルでも示されているように，イメージが先に発達し，後から言語が追いつく場合が多いが，プログラミング活用では，それが同時に起きたり，逆転したりすることがある。このことで，言語とイメージの不整合を小さくできる。

(2) 拡大や縮小への動機付けゲーム

　身の回りでは，地図や設計図などの例があるが，実生活で児童自ら拡大・縮小をする必要性のある場面が少ない。そこで，コンピュータ画面上での縮小ゲームを行った (図6.11)。大きすぎて画面からはみ出し，何がかかれているか分からない図を，プログラミング言語をもとに正しく縮小すると形が分かる仕組みである。拡大ゲームも考えたが，小さくても何か描かれているかは分かり，タートルの体に一部隠れるくらいの図ではなかなか作るのが難し

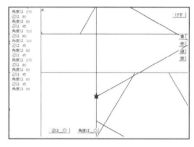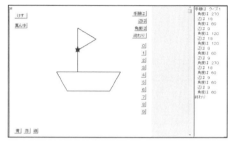

図6.11 縮小ゲームの前後の画面

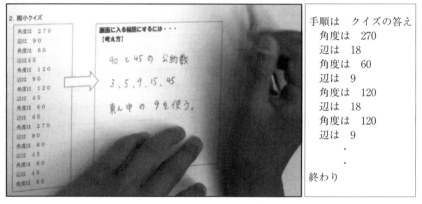

図6.12 ワークシートと答えのプロシージャ

かった。この拡大ゲームはダイナミックで，児童も大変意欲的に取り組んだ。

コンピュータ入力の前に，縮小するプロシージャをワークシートで提示し，答えをワークシートに記入させた（図6.12）。ワークシートをもとに，コンピュータに入力させ，「せーの」で一斉に，縮小したプロシージャを実行させた。ミスがあったためヨットが現れなかった児童もいたが，画面からどこが誤りかを気付くことが出来た。最初の図は，辺の長さが45と90で構成してあり，台形と正三角形からできている。コンテンツも，この課題のために，スケールを小さくしてある。縮小するためには，3，5，9，15，45のいずれかの数で全ての辺の数値を割る必要がある。4通りの縮図の答えが児童から

第6章　プログラミング活用環境下の授業における図形概念形成　　187

発表された。ヨットの大きさとプロシージャを一斉場面で見ながら，割る数
は45と90の公約数であることに気付くことができた。このゲームの最初のプ
ロシージャは長く，ひとつひとつの数値を注意深く，同じ数で割っていくこ
とを通し，言語面から縮小の数値変化として，「すべての辺の比は等しい」
という性質を実際に使った。「すべての辺の比は等しい」という意味の理解
が促される。これは，言語面の様相IVの活動である。また，イメージ面では，
正解の4種類のヨットの大きさを前面スクリーンで見て，「縮小」に対する
多面的イメージを形成し，統合的イメージ形成へのきっかけとなった。すな
わち，様相IIIからIVへ向かう活動である。

（3）変数の機能についての経験

　平成20年学習指導要領では，第3学年で「□などを用いた式」，第4学年
で「□，△などを用いた式」，第6学年で，「x，aなどの文字を用いた式」
を学習するが，教科書によって扱い方は異なる。未知数であったり変数であ
ったり，恒等式であったり，2変数をもつ関数であったりする。文字は，x
とyを同時に導入したり，xだけを変数として導入したり，児童にとっては
分かりにくい。そこで，変数を用いたプロシージャを作成することによって，
変数の機能について，実感的・経験的に理解することをねらい，授業⑫と授
業⑲を実践した。

　前時で，1〜9までの任意の辺の長さで正三角形のプロシージャを作成し
たものを，ずらっと黒板に掲示した。9個のプロシージャを見比べ，違うと
ころを発見させた。辺の長さが1のプロシージャの上には黄色のマグネット
を，辺の長さが2のプロシージャの上には赤のマグネットを，違う部分（数
値）の上に，黒板に出てきて貼らせた。数値がいろいろに変化する場合，こ
れまでに習った，変数に○やxなどを使ったと挙手する児童は数名しかおら
ず，言われて思い出した者を含めても半数しかいなかった。そのため，簡単
な式を例に挙げて，変数について復習をし，続いて，図6.13のように，教師

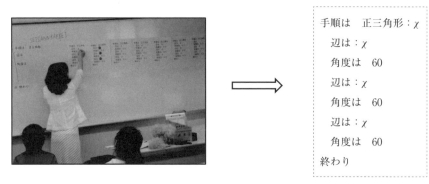

図6.13　正三角形の9個のプロシージャの異なった部分を変数に置き換える

がマグネットの代わりに，「:χ」というカードに置き換えた。表6.13は，この前後のプロトコルである。

この後，変数を用いた正三角形のプロシージャを作成した。作成するだけでなく，変数にいろいろな数値を入れ，「三角形　1」，「三角形　2」，…「三角形　9」をはじめ，大きい数値や，小数など，思い思いの数値で正三角形を描かせた（図6.14）。この活動は，変数の機能について，実感的に経験できるものであり，コンピュータをブラックボックス・関数生成道具として

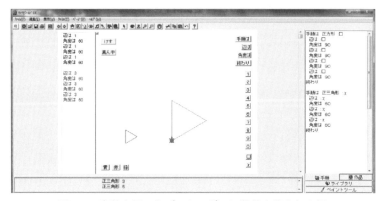

図6.14　変数を用いたプロシージャに数値を代入した例

第 6 章　プログラミング活用環境下の授業における図形概念形成　　189

表6.13　正三角形のプロシージャを見て，どこを変数にするかを決める様子

T	この間，こーんなにいっぱい作ってくれたんだけど，これを画面で全部描こうとしたら，打つ気する？
C	しない。
T	ちょっとしないよね。1つか2つくらいで飽きちゃうね。可哀想に，タートルはそれを一生懸命やってくれるんだけど。
T	じゃあ，今から皆にききます。このプログラム9個あるけれど，よく似てるんだけど，当然だよね。全部正三角形を描くんだからよく似てるんだけど，違うところはどこか。 見つけた人。
C	（挙手）
T	よし！（指名）
C	辺の長さが違います。
T	はい。辺の長さが違います。
T	違うところに，これを貼って下さい。だれか貼りに来てくれる人（マグネットを持って示す）。
C	はい。はい。（挙手多数）
T	これと，これと……（黄色のマグネットも渡す）
C	（1の正三角形のプロシージャの，数値1の上に赤の3個のマグネットを貼る。）
C	（2の正三角形にも，数値の上に黄色のマグネットを貼る。）
T	こういうところが違うって，合ってますか？　もうここは貼らないけどね。（3のプロシージャを指して）違うよね。
T	これまで皆さんが勉強してきた中で，数がいろんな数，違うときに，何かいいものを使ったんだけど憶えている人はいるかな？ 1になったり，2になったり，3になったり，4になったり…9になったりとかできる（黒板を指しながら）。 習ったんだけどね。憶えている人？ …忘れている児童が多かったため，式を用いて復習をする…
T	プログラムでも，数がいろいろになる時は，代わりに○やχを使います。（マグネットを「：χ」に置き換える。5年生では，「：○」に置き換えた。）

用いたものである。同時に，画面でいろいろな大きさの正三角形を見る経験となり，様相Ⅲの，多面的イメージを形成する活動となる。また，さまざまな大きさの正三角形が1つのプロシージャでまとめられるということで，様相Ⅳの統合的イメージの形成へと向かう活動とも言える。コンピュータは，言語や数値といった代数的なものを，画面で幾何的に実現する道具であり，

概念形成に関しては，言語の意味についてイメージ的側面から理解を助ける道具となる。言語面は様相Ⅳの活動となる。

（4）拡大倍率を変数にしたプロシージャによる言語の確認とイメージ形成

　授業⑳では，初めて，図形を任意の倍率で拡大ができるプロシージャを作成した。変数の意味と，拡大・縮小の概念を同時に扱う活動となる。最初に，表6.14にある左の，小さな平行四辺形を描くプロシージャと図を，前面スクリーンで教師から提示した。拡大するためには，全ての辺に同じ数をかけるということを授業⑱で学習している。また，授業⑲で，変数を用いたプロシージャの作成と，それを用いた自由描画を体験している。単純ミスも起こりやすいと考えられるため，ワークシートに記入してから，入力させた。

　児童は，例えば図6.15の真ん中の平行四辺形の2倍の拡大図を描くためには，下のコマンドセンターから「平行四辺形の拡大　2」とだけ入力しているにもかかわらず，左側のテキストボックスで現れているように，コンピュータ内で辺の長さを計算した数値が表示される。このため，言語面とイメージ面の両方からの対比が，再度できる。言語面としては，変数の意味と，拡大図の性質の理解を深めるための課題となり，様相Ⅳの活動となる。また，イメージ面では，ある形の拡大のイメージを統合する，様相Ⅳの活動となる。

表6.14　小さな平行四辺形のプロシージャと，それを任意倍率で拡大するプロシージャ

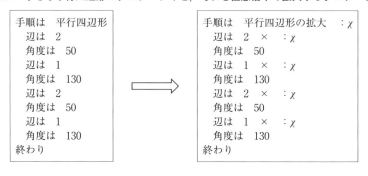

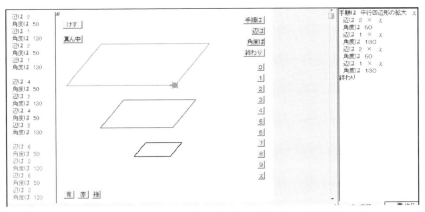

図6.15 平行四辺形を任意倍率で拡大するプロシージャと，それを使って，平行四辺形 1，平行四辺形 2，平行四辺形 3（1倍，2倍，3倍）を実行した画面

（5）変数を用いたプロシージャによる遊びを取り入れた活動

　残った時間を，自由な図や絵を描く活動に充てた。児童は，遊びながら自由描画を非常に楽しみ，その中から数々の発見や発展を行った。イメージ面は様相Ⅲの活動であり，言語面は様相Ⅳの活動である。図6.16は児童の作品例である。自由な発想で遊びながら，作品作りに没頭した。Huizinga (1973) は，『ホモ・ルーデンス』の中で，遊びは本来，人間の文化を創るものであり，人間の欲求であることを著している。また，遊びには，ルールがある。本実践でのルールとしては，授業で使用しているコンテンツ上で行うことと，作成したプロシージャを使ったり，自分でさらに発展させたりしてもよいということがある。また，Huizinga も述べているように，遊びでは、競う中から自分を認めてもらいたいという欲求を満たし，競うといっても，絶対的な勝ち負けではなく，お互いの工夫を認めあう。このような姿が，プログラミングによる遊びを通した自由描画でも見られた。確たる目標はなくとも，自分で遊びながら目標を定め，発展させる中から，児童は図形についての様々な発見をしていった。画面の，「できたー」という文字は，児童の気持

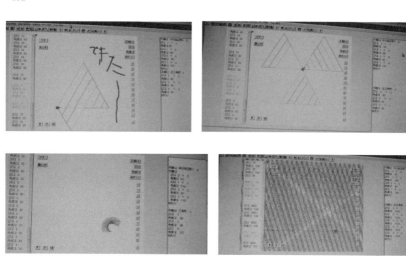

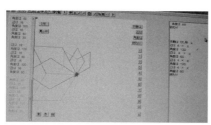
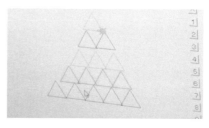

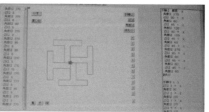

図6.16　遊びを取り入れた自由描画

ちを表現している。一見縞模様にしか見えない画面は，大きな数値を入れたらどうなるかで遊んでいる（男児や男子大学生は同様のことをする）。本時で作成したプロシージャは使用していないものの「T」の形を作るのに一生懸命

杉野裕子著「プログラミングを活用した図形概念形成についての研究」正誤表

表 6.15　拡大図・縮図の性質の理解度テストの結果 (p.193)

①もとの図形を拡大や縮小した図形は、対応する直線の長さについて、どんなことがいえますか。

	誤答	対応する直線の比が等しい	未回答
誤	4 名 (64%)	32 名 (89%)	なし
正	4 名 (11%)	32 名 (89%)	なし

②もとの図形を拡大や縮小した図形は、対応する角の大きさについて、どんなことがいえますか。

	変わる (違う、2倍になる)	等しい (同じ)	未回答
誤	0 名 (100%)	34 名 (100%)	なし
正	0 名 (0%)	34 名 (100%)	なし

第6章　プログラミング活用環境下の授業における図形概念形成　　193

に取り組んだ児童に対して，回りの児童も評価していた。

（6）拡大図・縮図の性質についての理解度テストの結果

　事後テストは，最後に LOGO プログラミングをした16日後に行った。角の大きさ，辺の長さとも，性質を文章で記述させた。

表6.15　拡大図・縮図の性質の理解度テストの結果

プログラミングをした　　　6年1組　（36名）
「直線の長さ」について

①もとの図形を拡大や縮小した図形が，対応する直線の長さについて，どんなことがいえますか。		
誤答	対応する直線の比が等しい	未回答
4名（64%）	32名（89%）	なし

「角の大きさ」について

②もとの図形を拡大や縮小した図形は，対応する角の大きさについて，どんなことがいえますか。		
変わる（違う，2倍になる）	等しい（同じ）	未回答
0名（100%）	34名（100%）	なし

プログラムをしなかった　　　6年2組　（36名）
「直線の長さ」について

①もとの図形を拡大や縮小した図形では，対応する直線の長さについて，どんなことがいえますか。		
誤答	対応する直線の比が等しい	未回答
21（58%）	12（34%）	3（8%）

「角の大きさ」について

②もとの図形を拡大や縮小した図形では，対応する角の大きさについて，どんなことがいえますか。		
変わる（違う，2倍になる）	等しい（同じ）	未回答
4（11%）	29（81%）	3（8%）

①もとの図形を拡大や縮小した図形は，対応する直線の長さについて，どんなことが言えますか。

　　正解：「対応する直線（辺）の長さの比はすべて等しい。」
　　　　　正答率　89％　　　　統制群正答率　34％

②もとの図形を拡大や縮小した図形は，対応する角の大きさについて，どんなことが言えますか。

　　正解：「対応する角の大きさはすべて等しい。」
　　　　　正答率　100％　　　統制群正答率　81％

　特に，①の辺の比について文章で答えるテストは難しい。LOGO プログラミングによって，実際に辺の長さをすべて同じ比で数値の書き換えをしたり，変数χを倍率にしたプロシージャを作成した経験によって，正答率が統制群の２倍以上となった。また，角の大きさに関しては正答率が100％となった。教科書にある他の作図方法では，すべての辺と角の大きさを決める必要はない。LOGO プログラミングでは，すべての辺と角の大きさを指定してプログラミングをすることから，①の正答率が良くなった。プログラミングによる学習が余分に加わったための伸びも含まれる。

第3節　6年「平行四辺形の隣り合う角」での事例：
　　　　未習内容のプログラミング

（1）授業概要
　この授業は，1989年，愛知県新城市立Ｃ小学校の５年生（児童27名）にも実施したことがある。しかし，当時はパソコンが普及しておらず，教員も児

童もコンピュータをほとんど見たことがない状況であった。車でパソコンを運び，教卓に1台置き，拡大スクリーンは無かった。まず，コンピュータとは何かを教え，キーボードについて教えた。代表児童によってキーボード入力をさせた。画面が見にくいため，児童を，前面へ移動させた。この状況の中でも，児童は目を輝かせ，「辺は　○」と「角度は　○」を使って，内角で平行四辺形を帰納的に描きながら，全員で，隣あう角度の和が180°であることを見つけていった。最初，1つめの角の大きさを60°にしたら，帰納的に，隣の角の大きさは120°でよいことを画面から納得した。理解したかと思ったものの，試しに，1つめの角度を50°にしたときに2つめの角度は何度にすればよいかという発問をした。ほとんどの児童が110°と答えた。「減れば減る」という方略を使おうとした。意外な返答にとまどいながらも，再度帰納的に試行し，2つ目の角度は130°であることを見つけ，児童は，隣どうしの角の和は180°であるらしいということに気付いていった。

　本研究においては，1人1台のコンピュータと前面スクリーン，そして，キーボードからの入力を極力減らしたコンテンツもある。そこで，授業⑤において，画面2分割コンテンツを用いて，上に長方形を描かせ，次いで，1つめの角度を60°に変えて，平行四辺形を完成させる課題を与えた（図6.17）。平林は（1987）は，「長方形の2辺の長さを動かすのに加えて，角度も動かすことによって，平行四辺形の概念に一般化される」と述べている（平林1987, p.250）。

　児童は，事前アンケートでも，既習である向かい合う辺や角の大きさについては理解していた（様相Ⅳ）。しかし，隣り合う角の大きさについては未習であり，この点に関しては様相Ⅳに達していない。そのためさらに，上の長方形を消して，平行四辺形の1つめの角度を50°に変える課題を与えたが，ほとんどの児童が画面上では描画に成功していた（図6.18）。画面が2分割にされていることで対比がしやすいことと，6年生のためか45分間でほぼ全員があっさりと完成していた。そこで，授業⑥において，どうやって2つめの

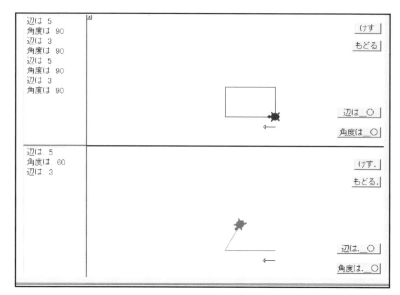

図6.17 長方形描画から平行四辺形描画へ

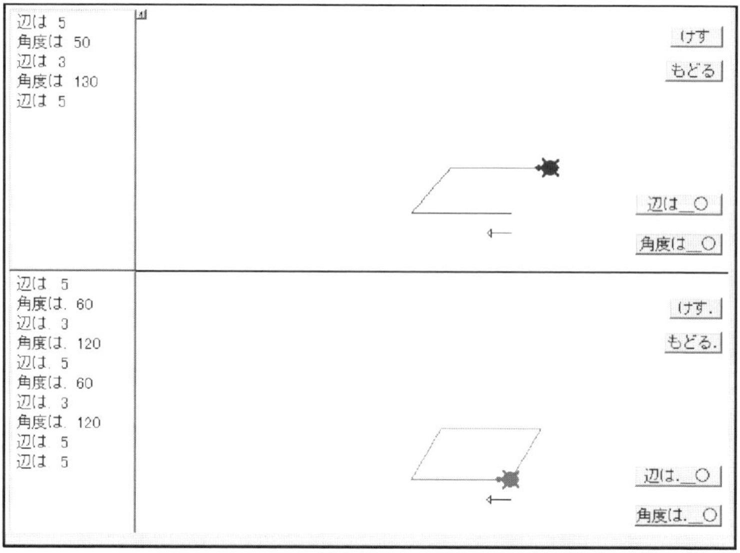

図6.18 1つめの角度を150°にして平行四辺形を描く

第6章 プログラミング活用環境下の授業における図形概念形成　197

角度が130°であることを見つけたのかを尋ねたところ，児童の使った問題解決の方略は1通りではないことが判明した。ここに，練り上げのよさがある。帰納的方法によってプログラミングをした児童と，演繹的方法によってプログラミングをした児童に，ほぼ半々に分かれた。

（2）帰納的方法によるプログラミング

　授業⑥において発表された，帰納的な方法についてのプロトコルの一部が，表6.16である。9名の児童が，帰納的にいろいろな数値を入力して，130°を見つけていた。児童のつぶやきや発言の中から出てきた2つ目の角度の数値を，極端な数値以外は板書し，その順に教師が前面スクリーンで入力した。他の方法で解いた児童も注視し，130°で平行四辺形が完成したときには拍手が起きた。自分がやった方法でなくとも，あるいは自分がやった方法でも振

表6.16　帰納的方法

T	ちょっと先生聞きたいんだけど，何で130°？　あるいはどうやって130°にたどりついたのかなあ？
C	<u>100°とかたくさん打って。</u>
T	教えて。例えば？ （児童が発言したうちから，100°，100°100°…を板書する）
T	こうやっていくつか打ってみた人？（C　9名挙手）
T	はい。でもこれってね。ひとつのいいやり方よ。答えが見つからないときにね，少しずつ数を変えてって発見。正解はどれかなって見つける方法だよね。前のタートルでもやってみます。（100°から入力し，観察させる。）

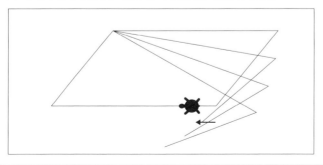

198

り返ることで，その意味を認識する場が練り上げである。画面上で描画を重ねられるため，だんだんと平行四辺形に近づく様子が分かる。そして，帰納的に見つけることは数学的にも価値があることを，児童に伝えた。イメージは様相Ⅲの活動となり，言語は様相Ⅲから様相Ⅳへ向かう活動となる。

（3）演繹的方法によるプログラミング

　演繹的方法で解決した児童12名を含む14名が挙手をし（不明の2名を含む），2つの演繹的方法が児童から発表された。その大半が表6.17にある方法で見つけた。Ｃ1の発言は非常に長く，一度に聞き取れない児童もいると思われたため，教師が発言を区切って，復唱させたり，黒板に貼った平行四辺形の図に数値を書き入れたり，ことばを式に置き換えさせたりして，全員が共有できるようにした。この方法は，四角形の内角の和が360°であることと，向かい合う角度は等しいことを組み合わせて説明しており，中学校の証明や平行線の角の性質につながる。イメージも言語も様相Ⅳから様相Ⅴへ向かう活動となる。

　ところが，まだ別の方法で見つけた児童から，2つ目の演繹的方法が発表された（表6.18）。2名の児童だけであったが，発表を少し聞いただけで，「それかー」とつぶやく児童が数名いた。他の児童はすぐには分からない様

表6.17　演繹的方法の1つめ

T	はい。それじゃなくて，こんなふうにいろんな数やらないでね130°を別の方法で見つけたっていう人，手を挙げて下さい。（Ｃ　14名挙手）
T	14人も！　すごいな。14人の人が，どうやって見つけたか聞きたくない？
C	聞きたい。聞きたい。
C1	まず角度は4つあるから。で，四角形の全部の角を合わせると130°になるので，50足す50で100になって，360引く100は260になって，あと2つの角があって，ひとつの角を求めるのに，260割る2で130になる。それで130°になる。 （自然に拍手が起こる）
T	（区切って復唱し，確かめ，黒板の図に角の印を入れ， 式50＋50＝100，360－100＝260，260÷2＝130を板書）

第 6 章　プログラミング活用環境下の授業における図形概念形成　　199

表6.18　演繹的方法の2つめ

T	あと，別のやり方でやった人，すごい独自のアイデアが入っているかもしれないので，聞きたいな。
C	私も。私も。
C2	えっと，さっき言ってくれたやつは，4つだったので，2つ同じやつがあるので，そこを省いて，ちがうやつとちがうやつ2つ合わせると180なので。
C	あー。　C　それかー。
T	うーん。分かったいま？
C	私わかんなーい。
C2	えっと，4つの角を全部合わせると360で，それを半分して180。だから180°から50°を引けばいいから130°。
T	(黒板の図を手で半分にする動作を見せる。 半分で180°を図に書き入れ，180-50＝130を板書)
T	これと同じ方法でやった人？　(挙手1名) (どの2つの角か，いろいろな言葉で言わせる)
C2	向かい合わない角。　C3　斜めじゃない角。
C4	隣どうしの角。
C	ああ〜！

子であったため，丁寧に区切ったり，数値や式を書いたり，他の児童に説明させたりして，理解へつなげた。粘り強く，児童の言葉を拾ってつなげるようにした。「隣同どうしの角」という言葉は，発表した児童からも出ず，「向かい合わない角」と表現した。別の児童から，「斜めじゃない角」という言葉が出たため，教師が，「斜めじゃない角は言いにくい。もっといい言葉はないかな？」と発問したところ，また別の児童から，「隣どうしの角」という言葉が出た。他の児童も「ああ〜！」と納得した。ここで，おしまいにはしなかった。隣どうしの角は縦だけでなく，横にも，合計4組あることを全員で確かめた。このように，アイデアを出し合い，確かめていくのが，練り上げの場であり，プログラミングを活用する授業でも欠かせない。

(4) 授業実践から得られたこと

　プログラミングで課題を解決している場合に，2つの状態があることが本実践から判明した。帰納的方法は言語面では様相Ⅳへ向かう活動であり，イ

メージは多面的で様相Ⅲである。演繹的方法は言語面は様相Ⅴへ向かう活動であり，イメージは統合的な様相Ⅳへ向かう活動である。演繹的方法で解いている場合，プログラミングは確認のための手段である。このように同じプログラムを作っていても，試行錯誤的・発見的に行う場合と，一応の理解のうえで，確認や深化として行う場合がある。児童がどちらで行っているのかを把握すること，また，教師はどちらを行わせたいのかという目的を意識することの必要性が判明した。

概念について発見をする，即ち，まさに性質や定義に気付く場面では，帰納的にプログラミングすることや，変数プロシージャにいろいろな数値を入れてみることが，発見のきっかけを与える。また，演繹的に理由が説明できる場合は，正しいかどうかを確かめるための，モデルを与えるものとして画面があり，プログラミングがその方法となる。実際に，これでよいはずであると思って作成したプログラムを動かしても，バグがある場合は少なくない。自分で立てた計画や，説明できたはずの理論のどこに誤りあるのか，あるいは単なる不注意ミスなのか，コンピュータとプログラミングが，鏡の役割を果たし，思考について再吟味する機会を与える。

（5）情意と意欲に関するアンケートの結果

2015年6月実践の後，7月に行ったアンケートの結果を表6.19に示す。アンケートからは，大変意欲的で，「楽しかった」，「またやりたい」，「勉強になった」という意見が90%以上を占めた。

第4節　第6章のまとめ

本章では，第1節において，5年「正多角形」の授業検証から，イメージを豊かにする活動や，言語の意味を確認する活動の抽出をし，川嵜の「図形概念の理解の様相モデル」における，どのレベルにあるのかを特定すること

第6章　プログラミング活用環境下の授業における図形概念形成　　201

表6.19　情意と意欲に関するアンケート結果

6年1組　（36名）

質問				
ア　タートルを使った勉強をしてどのように感じましたか	楽しかった 30（84%）	少し 楽しかった 5（14%）	あまり 楽しくなかった 1（2%）	楽しく なかった 0
イ　これからもタートルを使った勉強はやりたいですか	いっぱい やりたい 20（56%）	時々は やりたい 13（36%）	たまに やりたい 3（8%）	やりたく ない 0
ウ　タートルを使ってみて勉強になりましたか	とても勉強に なった 26（72%）	少し勉強に なった 7（21%）	あまり ならなかった 1（2%）	勉強に ならなかった 2（5%）
エ　タートルを使ってみてどんなことが勉強になりましたか	・タートルだとその上から何度もかける ・自分で書くのとは違う感覚 ・角度は2倍，3倍になっても変わらない ・図形で模様ができる　4　・タートルの使い方 ・真っ直ぐ書けばきれいな図形がかける　3 ・コンピュータの動かし方　4 ・図形を重ねたりして図形がかける ・縮図，拡大図のしくみ　3　・図形の角や特徴　3 ・図形をかく手順　2　・タートルは命令で動く ・角度の求め方　・パソコンでもできるということ ・辺の長さや角度の大きさの関係をあらためて知った ・操作が難しくて集中できなかった　・ほとんど知っていた			
オ　タートルを使ってみてどんなことが大変でしたか	・命令を打つ　28　・角度を決める ・タートルの動かし方　5 ・スペースを忘れる　・辺の長さを何回も打つこと ・やり直しになったとき			

★　90%以上が楽しかったと答えている。

★　90%以上がまたやりたいと答えている。・「命令通りに動く」「書きたいものが簡単に書ける」「命令すれば自分の手では書けないような図形でも簡単に書ける」「自分が打ち込んだ命令で思い通りの模様が出来上がる」

★　指示するための文字を打ち込むのは面倒だが，一度打ち込めば何度でも使え，間違いやずれがないので正確にきれいに書けるという「よさ」を実感できている。

★　分度器や定規，コンパスなど道具の持ちかえをする必要がなく，命令すれば同じ図形がいくつも書けることで，自由画を楽しんだことの現れであると考える。

が出来た。実際に，教科書にはない2つの方法で正六角形を構成した。正三角形6個で合成する方法と，辺の長さと角度を数値で決める方法である。変数については，その機能をコンピュータというブラックボックスによって経験した。また，1人1台のコンピュータによって個別に探求しているにも関わらず，協調的な学習が発生した。さらに，タートルの存在，コンピュータというアフォーダンスを返す道具によって，プログラミングではメタ認知が働いた。回転概念に関するテストは，授業回数が少ないため，顕著な伸びは見られなかったが。左回転に伸びが見られた。

　第2節においては，6年「拡大・縮小」の授業検証から，動機付けゲームが，日常には少ない縮小をする実際の経験を与えた。教科書にはない，辺の長さと角度の数値をすべて決めてプログラミングする方法により，言語面から，拡大や縮小では辺や角の大きさがどのようになるのかの理解が確かなものになった。さらに，教科書にはない倍率で拡大や縮小をしたり，変数プロシージャを作成する過程を通して，いくつもの図を見て，多面的イメージや統合的イメージの形成のきっかけを得た。また，遊びを入れた自由描画では，児童は，さまざまな図を工夫して描き，発見や発展をしていった。事後テストからは，拡大図や縮図の辺の性質についての理解が高まったことが分かった。これは，実感を持って，経験ができたためである。

　第3節においては，6年生に対する平行四辺形を描く課題を通して，未習である「隣り合う角の和が180°である」ということを発見したり理解したりする場面で，帰納的方法を使っていた児童と，演繹的方法を使っていた児童に2分された。練り上げの場で，それぞれの方法のよさを共有することが出来た。プログラミング課題を与える場合，どちらの方法でやらせたいのか，また実際に児童・生徒がどちらの方法を使ったかということに注意を払う必要があるということが判明した。コンピュータとプログラミングは，人間の思考や問題解決に対して，再吟味する機会を与えてくれるものである。また，情意や意欲に関するアンケートでは，肯定的な反応が90％を超えた。

第 6 章の引用・参考文献

・川嵜道広，2005,「直感的側面に着目した図形指導過程の研究」,『第38回数学教育論文発表会論文集』,日本数学教育学会，pp. 379-384.

・川嵜道広，2007,「図形概念に関する認識論的研究」,『日本数学教育学会誌. 臨時増刊　数学教育学論究88』,pp. 13-24.

・杉野裕子，1989,「学校数学におけるコンピュータプログラミングの役割」:修士論文，愛知教育大学，pp. 202-204.

・杉野裕子，2014a,「正多角形描画のためのプログラミング用コンテンツ開発と授業実践－正三角形・正方形描画と，プロシージャ作成－」,『科教研報28.8』,日本科学教育学会，pp. 63-68.

・杉野裕子，2014b,「LOGO による正方形・正三角形をもとにした『家』描画プログラミングの実際－」,『図形の傾き』の概念に焦点を当てて－」,科学教育学会年会論文集38』,pp. 395-396.

・杉野裕子，2014c,「プログラミング活用環境下の授業における活動が図形概念の認識過程に与える影響」,『数学教育学論究96』,日本数学教育学会，pp. 89-96.

・杉野裕子，2015a,「算数科におけるプログラミング活用授業のためのコンテンツ開発と改良」,『科教研報29.9』,科学教育学会，pp. 87-92.

・杉野裕子，2015b,「算数科図形学習のための，プログラミング教材開発と授業構成」,科学教育学会年会論文集39』,科学教育学会，pp. 378-379.

・Skemp, 1971，藤永保，銀林浩訳，1973,『数学学習の心理学』,新曜社，p. 26, p. 87.

・チョムスキー，1972，橋本万太郎，原田真一訳,『現代言語学の基礎』,大修館書店，pp. 3-7.

・平林一栄，1987,『数学教育の活動主義的展開』,東洋館出版社，p. 250.

・Huizinga, 1938，高橋英夫訳，1973,『ホモ・ルーデンス』,中公文庫.

・文部科学省，2008,『小学校学習指導要領解説　算数編』,東洋館出版社.

〈小学校検定教科書：平成20年学習指導要領準拠〉

・『新しい算数』5 年用，6 年用，東京書籍.

・『小学算数』5 年用，6 年用，教育出版.

・『小学算数』5 年用，6 年用，日本文教出版.

・『たのしい算数』5 年用，6 年用，大日本図書.

・『みんなと学ぶ小学算数』5 年用，6 年用，学校図書.

・『わくわく算数』5年用，6年用，啓林館.

終章　研究の成果と今後の課題

　序章で示した，研究目的と方法に対して，どのような成果があり，残った課題は何であるのかについて述べる。

（1）研究の成果
研究の目的

> 　プログラミングが図形概念形成に有用であることについて理論的に示し，開発したプログラミング用教材を用いた授業実践により，図形概念形成に関わる活動を抽出することによって検証をする。

　研究の目的に対する研究成果としては，方法1～3に対して，それぞれ以下の①～③を行ったことである。

①「図形概念の理解の様相モデル」と「LOGOプログラミング形態の変化」の関係を表す独自の理論を提示した。

②授業で活用するための，プログラミング用コンテンツとプロシージャ作成用コンテンツを開発した。

③開発したコンテンツを用いた授業実践を通して，図形概念形成に関わる活動を抽出し，どの様相にあたるのかを特定する検証をした。

　方法1については，川嵜の「図形概念における理解の様相モデル」は，図形概念の2面性と発達に関して，授業での子どもの概念発達を捉えたものとして，本研究の基礎においた。しかしながら，川嵜の様相モデルでは，コンピュータやプログラミング活用は想定されていない。そこで，本研究において，LOGOプログラミングの特徴や意義を明確にして，プログラミング形態Ⅰ～形態Ⅴを設定し，各形態での実際のプログラミング活動や概念形成に

ついて提示した。その上で，プログラミングからの接近により，川嵜のモデルでは，十分に明確にされていない部分の精緻化を試みた。プログラミングでは，図形内の辺や角の大きさを決定する数値が，図形の「形」や「大きさ」に関与する。また，図形外の数値は，「向き」や「位置」に関与する。コンピュータの画面は，実在的モデルであるため，数値が何を決定するのかは，画面から分かる。特に，プログラミングでは言語に変数を使うことができるため，これらの図形内外の数値を変数にすることで，プロシージャがひとつの概念を表すものとなり，変数にいろいろな数値を代入して図を見る活動を通すことで，統合的イメージを形成するために有用となる。また，本研究においては，統合的イメージを２つに分類した。統合的イメージ①はひとつの図形を対象にしたものであり，統合的イメージ②は複数の図形を対象にしたものとした。LOGOプログラミングでは，プロシージャの中で別のプロシージャが使えることから，これらの区別が明確になった。プログラミングは言語・記号的表現と，画面での図的表現の２面を有することにより，両者の不整合を小さくする。学習者の思考に委ねられてきた両者の翻訳が，プログラミングによって行われた。

　方法２については，実際に授業で児童が使うプログラミング教材のコンテンツを開発しPDCAサイクルを通した改良を重ね，プログラミング環境を構築することができた。教材コンテンツには，キーボード入力を極力減らすためのボタン命令を置いた。このことは，同時に，課題で使用する命令を絞り，明確にする結果となり，教師にとっても子どもにとっても，分かりやすい教材となった。単元や学習内容，さらには，学級の実態に合わせたコンテンツ作成ということを実現した。LOGO言語を使用することで，コンテンツの微調整は容易に行えた。ボタンの命令として，算数用語や授業で使用する言葉を置くことで，その意味を実感的に理解させることが可能となった。また，特に言語と図を照らし合わせて思考をするために，同一画面で，言語と図が逐次表示される機能をもたせた。

終章　研究の成果と今後の課題　　207

　方法3では，教材分析や授業構成について，担任教諭と打ち合わせを行い，プログラミングが授業目標を達成するために活用できるように計画をした。プログラミング自体は，既習事項によるプログラミングという形で，筆者が授業を行った。続いて，単元内容に関する授業は担任教諭が行った。一般の教員でもLOGOプログラミングを活用した授業が可能であることを実証した。担任教諭は，特にLOGOについての研修などは受けていない。児童も，初めてのプログラミングに，自然な形で取り組んでいくことが出来た。授業は，5年「正多角形」と6年「図形の拡大・縮小」単元において，2つの学校の3名の教諭および筆者も合わせて，合計21時間行った。同一単元の授業を複数回行うことで，教材コンテンツばかりでなく授業構成もPDCAサイクルによって改良していくことができた。5年「正多角形」では，単元末に発展課題として教科書にはない，正三角形の合成による方法と，辺と角の大きさを指定する方法で，正六角形の描画を試みた。6年「図形の拡大・縮小」でも，教科書にはない，全ての辺と角の大きさを指定する方法を用い，プログラミングを単元の中に位置づけて，図形のイメージ形成や言語面の理解を図った。その結果，拡大図・縮図に関する，辺や角の性質の理解テストでは，顕著な成績を収めた。さらに，6年で行った，未習である平行四辺形を描く活動では，隣り合う角の大きさについての性質について，帰納的に見つける方法と，演繹的に既習事項によって導き出す方法が約半数ずつ現れ，練り上げの場でのそれぞれの方法の共有が起きた。これらの授業で児童が行ったプログラミングや授業プロトコルから，図形概念形成に関わる活動を抽出し，川嵜の様相モデルのどのレベルにあるのかを特定した。また，授業での児童の様子や授業感想から，プログラミングが与えた情意面や意欲面へのよい影響について見い出すことができた。

（2）今後の課題

　今後の課題は，授業検証をしていない，小学校2年，3年，4年でのプロ

グラミングについて授業実践検証をすることと，包摂関係の理解について，中学1年または2年で授業実践検証をすることである。また，そのための教材コンテンツの開発もすることである。以下は想定される単元である。

小学2年	長方形・正方形
小学3年	正三角形（二等辺三角形）
小学4年	角と角の大きさ，L字形の描画，平行四辺形・ひし形の性質
小学5～6年	多角形の外角
小学6年	線対称・点対称
中学1～2年	四角形の包摂関係
中学3年	三平方の定理を利用した直角三角形の描画

それぞれの学年の応じた，図形の合成・敷き詰め

プログラミングは言語活動であり，概念形成活動である。学年をまたいだ継続的な活用をすることで，概念形成に寄与できる。小学校低学年から中学にかけた，プログラミングを継続的に活用するための基盤を作るのが，今後の研究の目的である。教材コンテンツ開発と授業構成を綿密に行い，授業を実践し，当該学年の子どもの図形概念形成における活動を抽出して，川嵜の様相モデルとの関係性についても，実証的に示していくことが今後の課題となる。

あ と が き

　本書は著者が30年間に渡って研究を続けた，算数・数学授業でのプログラ
ミングの活用についてまとめたものです。最後の３年間は，愛知教育大学・
静岡大学共同大学院博士課程に在籍し，「プログラミングを活用した図形概
念形成についての研究―教材コンテンツ開発と授業実践を通して―」を提出
し学位（教育学）を授与されました。

　次期学習指導要領改訂を迎え，プログラミングやアクティブラーニングに
焦点が当たりつつありますが，図形概念形成のために算数の授業でプログラ
ミングを活用する研究は，ほとんど見当たりません。こういった意味でも，
今後のプログラミング活用にひとつの方向性を与える研究になればという思
いで出版をすることにしました。

　プログラミングに初めて出会ったのは，愛知教育大学在学中に，授業で
FORTRUN を使って演習を受けたときです。最大公約数を出力する課題で
したが，数学の問題を解くときと同様の楽しさを感じました。再び，愛知教
育大学大学院修士課程で学ぶことになった時には，迷わず，プログラミング
の教育的活用について研究をすることにしました。1980年代には，個人でも
パーソナルコンピュータが入手できるようになっていました。当時の愛知教
育大学では，コンピュータ活用を専門とする先生はいませんでした。しかし
ながら，柴田録治先生に数学教育学として研究をするのであればということ
で指導教員を引き受けて頂き，研究開始に至ったことに感謝申し上げます。
大学院のゼミでは，コンピュータ利用についてまとめられた NCTM の84年
報 "Computers in mathematics education" を購読し，「コンピュータとは
何であるか？」と問い続け，そのとき出した私の答えは「道具である」とい
うものです。また，当時はインターネットも一般には普及しておらず，大学

の情報処理センターのコンピュータで検索をして，米国を中心とした文献を入手したり，図書館の書庫で，やはり先駆けの欧米の雑誌にあたったりしました。この頃LOGO言語に出会ったのです。1986年に出産のため休学したことは，私にとっては幸運でした。翌年，日本語LOGOが発売されたため，研究の中心をLOGO言語に置くこととなりました。新城市の小学校にパーソナルコンピュータを運び，教卓に1台だけを置き，初めてコンピュータを目にする子どもたちが食い入るように見つめる中，平行四辺形を描く授業を行い，手ごたえを感じることができました。

　その後10年は，研究も仕事も第一線から遠のいていましたが，Windowsが発売され，学校にもコンピュータ教室が作られていきました。インターネット網も張り巡らされました。しかしながら，算数・数学でのICT活用は遅々として進んでいませんでした。この頃，息子や娘に夏休みにLOGOをマンツーマンで教え，自由研究の課題としたものです。

　2000年を過ぎて徐々に研究や仕事を再開するうちに，皇學館大学教員公募にあたり，柴田録治先生のご推薦を頂き，准教授として採用されることになりました。2009年に赴任し，現在に至っています。「数学科教育研究（現デジタル教材開発）」の授業では，大学3年生に，LOGOプログラミングによって提示型の教材を作成させています。毎年，若いアイデアの詰まった力作が登場し，現在皇学館大学ホームページより配信しています（http://kogak-kan-ict.fcn.jp/sugino/）。

　単身赴任にも慣れた頃，愛知教育大学・静岡大学共同大学院博士課程が設立されました。「教科開発学」という新しい研究分野での取り組みをすることになり，中でも「教育環境学」としては算数・数学の授業でのプログラミング環境を実現させることが，研究の一つの課題となりました。さらに授業を構成したり，学習活動を抽出したりという実践検証も求められました。一方理論的には，プログラミングが図形概念形成に有用であることを，数学教育学はもとより，心理学や認知心理学などの文献から知見を得て，明らかに

しようと取り組みました。

　博士課程の指導教員として，数学教育でのICT活用の先駆者である飯島康之先生がみえたことが幸運でした。飯島先生は，30余年に渡り，作図ツールGC（Geometric Constructor）を自身のプログラミングによって作成し，授業での動的幾何環境を実現しています。近年はタブレット端末を使って協働での問題解決から，図形の証明へ移行する授業による検証をしたり，デジタル教科書のコンテンツを作成したりといった研究をされています。2013年，飯島先生に指導教員になって頂いたことにより，私の研究はそれまでの10倍速くらいで進めることができました。プログラミング教材もコンテンツにして配信するというアイデアは先生との出会いがなかったら実現しなかったとともに，次々と学会等に論文を投稿するためのご指導を頂きました。静岡大学の熊倉弘之先生には，博士課程の授業に加えて，論文としての構成などの助言を頂きました。両大学の博士課程の先生方からは，御指導や励ましを頂くとともに，研究者としての姿勢について学ぶことができました。また，博士課程で共に学んだ大学院生の皆様には，議論や励ましを頂きました。改めて，両大学博士課程の先生方ならびに大学院生の皆様に感謝申し上げます。

　博士課程1年の終わり頃，それまで実現しなかった小学校算数の単元内での授業実践が実現しました。豊田市立畝部小学校教諭の落合康子先生にご相談したところ，即決で，校長先生や教育委員会に承諾をとって頂くとともに，倉田麻里先生による授業実現のための段取りを進めて下さいました。落合先生との出会いによって，授業実践の第1歩が実現しました。コンピュータ教室に「マイクロワールドEX」LOGOをインストールするにあたっては，販売会社であるFCマネジメントの広末秦社長にもご協力頂きました。倉田先生はLOGOを見るのも初めてでしたが，その理念をくみ取り，授業の前日深夜までコンテンツ改良などの情報交換をして，懸命の授業をして頂きました。さらに落合先生は，ベテラン教諭として倉田先生の授業への指導をして下さいました。授業実践研究のノウハウのご指導は，大学院指導教員として

飯島先生から受けながらの実践でしたので，こととき，4者の教員の協力体制のもとに授業が実現したことになります。倉田先生の単元内の授業に先立って，私も既習内容の課題や，その発展によってプログラミングを教えました。思い出しても楽しい授業が実現しました。子どもたちは，大変意欲的に素直に取り組んでくれました。

この後，畝部小学校の中根睦美先生に授業をして頂くことが実現しました。倉田先生と同じく，第5学年・第6学年と持ち上がりの担任をされたことで，教材コンテンツと授業構成はPDCAサイクルに乗せて改良をすることが出来ました。中根先生には，変数を用いたプログラミングまで進めていただくことができました。また，松阪市立第五小学校の山中伸一先生は，学級の立て直しを任された第6学年での授業実践を引き受けて頂きました。学力差の大きなクラスにおいても，プログラミング活用では，協働的な学び合いや，個別的な発展が起きることが実証されました。重ねて，畝部小学校ならびに第五小学校の校長先生はじめ，先生方，子どもたちの協力に感謝申し上げます。

このように，大学教員としての本務に付きながら，博士課程で学び研究することに快く承諾をして下さった，現皇學館大学学長の清水潔先生ならびに諸先生方に感謝いたします。また，本研究は，平成28年度皇學館大学出版助成金を受けていることにも謝意を表明いたします。さらに本研究は，平成27年度JSPS科学研究費補助金・基盤研究（C）（研究代表者：杉野裕子，課題番号15K04460）の支援を受けて行われており，ここに謝意を表明いたします。

「コンピュータは何であるか？」という問いに対して，「自分の数学的なアイデアについて返答をくれる道具である」というのが，私の現在の答えです。

最後になりますが，本書の出版にあたり，きめ細かく原稿についてのご指導を頂いた，風間書房の風間敬子氏と斉藤宗親氏に感謝申し上げます。

平成28年9月　　　　　　　　　　　　　　　　　　杉野　裕子

著者略歴

杉野　裕子（すぎの　ゆうこ）

1957年　名古屋市生まれ
1980年　愛知教育大学教育学部数学科卒業
1980年　名古屋市立桜田中学校教諭
1984年　名古屋市立大高中学校教諭
1989年　愛知教育大学大学院修士課程修了
1994年　名古屋自由学院短期大学非常勤講師
2001年　名古屋芸術大学短期大学部非常勤講師
2002年　愛知教育大学非常勤講師
2004年　岐阜聖徳学園大学非常勤講師
2009年　皇学館大学文学部准教授
2011年　皇学館大学教育学部准教授　現在に至る
2016年　愛知教育大学・静岡大学大学院教育学研究科博士課程修了
　　　　愛知教育大学より博士（教育学）の学位授与

プログラミングを活用した図形概念形成についての研究
　　　—教材コンテンツ開発と授業実践を通して—

2016年10月15日　初版第1刷発行

著　者　　杉　野　裕　子

発行者　　風　間　敬　子

発行所　　株式会社風間書房
〒101-0051　東京都千代田区神田神保町 1-34
電話 03(3291)5729　FAX 03(3291)5757
振替 00110-5-1853

印刷　太平印刷社　製本　高地製本所

©2016　Yuko Sugino　　　　　　　　　　NDC 分類：375

ISBN978-4-7599-2143-4　　Printed in Japan

JCOPY 〈(社)出版者著作権管理機構　委託出版物〉

本書の無断複製は，著作権法上での例外を除き禁じられています。複製される
場合はそのつど事前に(社)出版者著作権管理機構（電話 03-3513-6969，FAX 03-
3513-6979，e-mail: info@jcopy.or.jp）の許諾を得てください。